처음 시작하는
비평 수업

처음 시작하는
비평 수업

읽고 쓰며 배우는 생각의 기술

기타무라 사에 지음 | 구수영 옮김

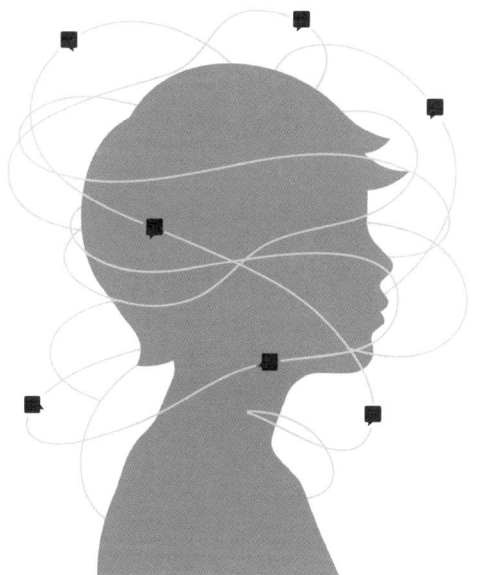

비평의 비결 1

: 나비처럼 읽고 벌처럼 쓴다

비평이란
무엇인가?

나는 나비처럼 날고 벌처럼 쏜다.

(I'm gonna float like a butterfly, and sting like a bee.)

이것은 복싱 챔피언이었던 무하마드 알리의 유명한 대사입니다. 무하마드 알리는 막강한 복서였던 한편, 아프리카계 미국인으로서 인종차별 반대 운동에도 앞장섰으며, 재치 있고 날카로운 언변으로 팬을 즐겁게 해주는 다재다능한 인물이었습니다. 이 문장은 알리의 트레이너였던 분디니 브라운이 고안한 것으로, 1964년 아직 캐시어스 클레이라는 이름으로 알려져 있던 알리가 소니 리스턴과 대전했을 때 처음 사용되었습니다. 이후 알리의 가볍고 날카로운 스타일을 한마디로 표현하는 대사로서 널리 알려지게 되었죠.

그런데 왜 비평에 관한 책을 복싱사에 남는 명대사를 인용하며 시작했을까요? 이 한 문장은 예술작품을 접할 때 우리가 가져야 할 마음가짐으로 제격이기 때문입니다.

'나비처럼 난다'는 마치 날개가 돋아난 듯한 가벼운 풋워크를 의미합니다. 비평이라고 하면 하나의 텍스트에 뿌리박힌 듯 파고들어 진지하게 임해야 한다고 생각하는 사람이 많겠죠. 하지만 적어도 제가 생각하는 비평은 그런 것이 아닙니다. 제대로 비평하기 위해서는 어느 정도 풋워크를 가볍게 해야만 합니다. 어느 작품을 접한 경우, 그 작품에 관련된 다양한 것으로 날아가서 배경을 조사하거나 비교함으로써 작품 자체를 더욱 깊게 이해할 수 있습니다.

저는 이 프롤로그를 쓸 때, '이 무하마드 알리의 명대사가 처음 나온 것은 언제일까?' 하고 궁금해져서 인터넷 기사 검색 등을 사용해 조사했습니다. 어느 작품이나 발언에 대해 제대로 그 배경을 이해하면서 즐기려면 이렇게 궁금한 것을 바로 조사해보고, 하나의 정보에서 다른 정보로 이동하는 풋워크가 중요합니다. 일단 배경으로 날개를 펼치는 것입니다.

'벌처럼 쏜다'는 일단 가벼운 풋워크로 작품의 배경을 이해했다면, 이제 날카롭게 찔러야 한다는 점을 뜻합니다. 이어지는 장에서 자세히 설명하겠지만, 작품을 비평하면서 즐기고자 한다면, 무언가 한 부분, 파고들 포인트를 정한 후 쏘는 것이 가장 간편한 방법입니다. 날개를 펼친 후에는 바늘을 손에 쥐어야 합니다.

실은 이 대사에는 후속편이 있습니다. 알리는 생전에 이 대사를 다양하게 변형하여 말했는데, "너의 눈으로 보지 못한 것은 너의 손으로 때릴 수 없다(Your hands can't hit what your eyes can't see)"라는 대사도 그중 하나입니다('너의 눈' 부분이 상대방의 이름이 될 때도 있었습니다). 이것을 문자 그대로 풀이하면, 자신은 눈으로 볼 수 없는 속도로 움직이므로 대전 상대는 타격도 할 수 없다는 자기 자랑입니다. 하지만 저는 이것을 비평할 때 자기 경계의 언어로 바꿔 읽어보았습니다. 뛰어난 작품은 무하마드 알리의 움직임처럼 전개가 너무 빠르기도 하고 정교한 작전을 숨기기도 하므로 개개인의 눈으로는 그 전모를 제대로 파악하지 못할 수 있습니다. 작품과 맞서는 비평가라면 그래도 일단 무언가를 찾고 그곳에 바늘을 꽂는 타격을 가해야 합니다. 보이지 않는 것은 때릴 수 없지만, 어떻게든 전체상을 보려고 비평은 존재합니다. 작품을 무하마드 알리라고 생각해보세요. 상대는 계속 움직이며 무언가 숨기고 있을 수도 있습니다.

이런 면에서 이 책의 가제를 '나비처럼 읽고 벌처럼 쓴다'로 지었습니다. 그런데 저는 지금까지 비평의 마음가짐에 관해 이야기하는 척하며 앞의 글을 적었지만, 사실 이 글은 무하마드 알리의 대사에 대해 '비평'을 쓴 것이기도 합니다. 비평이라고 하면 긴 소설이나 영화를 대상으로 한다고 생각했나요? 하지만 이런 짧은 텍스트 또한 비평의 대상이 됩니다. 저는 이 짧은 알리의 대사에 대해 우선 그 텍스트가 만들어진 배경을 파악하고 본래의 의미를 이해한 후, 나는 이 텍스트를 어떻게 생각하는지, 나는 이 텍스트와 어떤 관계를 맺고 있는지 설명했습니다. 지금까지 제가 해온 비평과는 조금 다른 형식이지만, 그래도 일단 비평의 한 종류입니다. 비평은 무엇이든 대상으로 삼을 수 있고 어떤 내용이든 써도 됩니다.

이 책은 비평하는 방법을 알려주는 입문서입니다. 작품에 대해 즐겁게 파고들고 싶고 작품에 관해 다른 사람과 생각을 공유하고 싶지만, 그 방법을 모르는 사람이 많을 것입니다. 그럴 때 자신의 분석을 명확히 문장으로 만드는 비평을 할 수 있다면, 작품을 다른 사람과 즐겁게 공유할 수 있게 됩니다. 이 책은 그런 독자나 시청자를 대상으로 즐기며 비평하는 법에 관해 기초부터 해설합니다. 비평은 영화나 애니메이션처럼 '예술작품'으로 생각하기 쉬운 것부터 게임이나 스포츠, 광고나 패션까지 무엇이든 대상으로 삼을 수 있습니다. 저는 대학교에서 셰익스피어를 연구하고 있으며 전문 분야는 연극의 페미니스트 비평이지만, 영화나 소설 비평도 가르치고 있습니다. 그래서 주로 무대 예술, 영화, 소설을 각 장에서 예로 들면서 비평은 어떤 것이고 무엇을 하는 것인지 살펴보고자 합니다.

그렇다면 작품을 즐긴다는 것은 무엇을 의미할까요? 재미있다고 생각하는 것만이 '즐기는' 것은 아닙니다. 물론 최초의 한 걸음은 '재미있다'로부터 시작하는 경우가 많으며, 작품을 보고 재미있다고 느끼는 것은 무척이나 긍정적인 체험입니다. 하지만 작품과의 만남이 '잘 모르겠다'라거나 '재미는 없는데 뭔가 신경 쓰인다'에서 시작되기도 합니다. '재미있다'도 '잘 모르겠다'도 좋습니다. 작품을 접한 후, 머릿속이 복잡하거나 막연한 감상 이상이 필요하다고 느끼거나 더 깊게 작품을 이해하고 싶다면 그 생각을 정리해주는 것이 비평입니다.

그럼 비평이란 무엇을 하는 것일까요? 이에 대해서는 다양하고도 복잡한 논의가 이루어지고 있지만, 간략히 정리하면 작품을 한 번 본 것만으로는 단번에 알기 어려운 숨겨진 의미를 끌어내는 것(해석)과 그 작품에 어떤 가치가 있고 어떤 수준인지를 판단하는 것(평가)이 비평이 성취해야 할 가장 큰 역할로 볼 수 있습니다.

미학 전문가이자 비평 철학을 연구하는 노엘 캐럴은 비

평에 대해 '기술, 해명, 분류, 맥락화, 해석, 분석'에 '평가'를 더한 것으로, 평가는 비평에 있어서 필수라고 논합니다(노엘 캐럴, 『비평철학』). 캐럴에 따르면, 비평 이론은 대부분 '해석'의 이론이며, 비평가 대다수는 평가에 관해 명확히 언급하지 않는 경우가 많다고 합니다. 하지만 캐럴은 이에 저항하며, 비평가들이 작품을 명확히 평가하지 않는다고 해도, 그 내면을 살펴보면 비평에는 평가가 포함되어 있다고 합니다.

저는 캐럴과 마찬가지로 비평에는 평가가 포함된다고 생각합니다. 연구자들이 쓰기 좋아하는 '텍스트'라는 말보다 '작품'이라는 말을 이 책에 사용하는 것도, 적어도 비평을 할 때는 예술적 가치가 있는 대상으로서의 '작품'을 중시하기 때문입니다. 하지만 평가와 해석 중 어느 쪽이 더 비평의 중요한 역할인가에 대해서는 관심이 없습니다. 어느 쪽이건 비평이 해야 할 일입니다. 또한 솔직히 말하면 많은 작품을 접하지 않은 비평 초보자에게 갑자기 작품을 평가하라고 요구한다면 너무 가혹한 일이겠죠. 제가 가장 중요하다고 생각하며 반복해 말하는 것은, 비평을 본 사람이 그전보다 해당 작품이나 작가에 더 흥미를 느낀다면 그것이 좋은 비평이라는 점입니다.

'흥미롭다'라는 것은 좀처럼 정의하기 어려운 심경입니다.

작품이 뛰어나다고 생각한다거나 재미있다고 생각한다거나 작품을 좋아한다는 것과는 다릅니다. 재미없다고 생각하는 작품에 대해서도 어째서 재미없는지, 어느 부분이 별로인지 생각함으로써 작품을 접한 경험을 흥미로운 것으로 바꿀 수 있습니다. 화가 날 정도로 재미없는 작품을 본 후, 그 작품에 관한 비평을 읽고 '내가 느낀 재미없음을 대변해준다!'라며 오히려 즐겁게 느낄 수도 있고, '그 부분이 이래서 재미가 없었구나!'라고 서로 이야기함으로써 별로였던 작품에 대한 기억이 즐거운 것으로 바뀌기도 합니다. 또한 좋은 비평을 읽으면 재미있었던 작품을 깊이 이해할 수 있어서 더욱더 즐거워지기도 하며, 전혀 알 수 없던 작품을 조금은 이해하기도 합니다. 비평은 작품을 다양한 방법으로 즐기게 해주며 여러 감정을 느끼게 해줍니다.

　여기서 주의할 점이 있습니다. 깊게 생각하지 않고 작품을 보고 즐기는 것도 충분히 가치 있는 체험이며, 깊게 생각하고 비평을 하는 체험과 우열을 가릴 수 없다는 점입니다. 즐기는 방법은 하나가 아닙니다. 아무 생각 없이 머리를 비우고 즐기고 싶을 때가 있고, 또한 잘 모르는 것을 파고들고 싶을 때도 있습니다. 이런 즐거운 체험은 어느 쪽이든 멋진 일입니다. 이 책은 그중 깊게 생각하며 비평하고 작품을 즐기고자 할 때 어떤 식으로 하면 좋을지 다룰 뿐입니다. 저는 비평이 일이므로 무엇을 보든 비평하지만, 모든 사람이 언제나 비평할 필요는 없습니다. 작품을 비평하며 즐기는 방식을 이제 막 익힌 사람들은 종종 비평 없이 즐기는 쪽을 조금 업신여기기도 합니다. 하지만 이런 멸시는 금물입니다. 즐기는 방법은 사람마다 다양하다는 점을 존중해야 합니다. 다만 "비평 따위 하지 말고 아무 생각 없이 보는 게 더 좋지 않아?"라는 말을 들었을 때는, "난 비평으로 파고드는 쪽이 더 즐거워"라고 반론합시다.

그럼, 이 책이 어떻게 구성되어 있는지 설명하겠습니다. 비평을 하고 싶다면, 크게 세 가지 단계를 밟아야 합니다.

1단계는 '정독'입니다. 1장에서 다루는데, 글을 그저 막연히 읽는 것이 아니라 다양한 테크닉을 사용해 세부에 주의하며 읽는 법을 배웁니다.

정독을 통해 세부까지 읽을 수 있으면, 거기에서 깨달은 것 중에서 주제를 정해 일관성 있는 해석을 제시해나가야 합니다. 이것은 본래 정독의 연장이지만, 편의상 2단계, '분석'이라고 합니다. 2장에서는 주제를 정해서 작품을 파고드는 방법을 설명합니다.

3단계는 '아웃풋', 즉 비평을 쓰거나 말하는 것입니다. 이것은 3장에서 다룹니다. 처음에는 글쓰기에 자신이 없기 마련입니다. 쓰고 싶지 않다면 물론 비평을 직접 쓸 필요는 없습니다. 하지만 비평은 커뮤니케이션을 만들며, 작품 주변에 공동체를 만드는 도구가 되기도 합니다. 비평을 공유하고 다른 사람의 비평에 찬동하거나 반론하거나 발전시킴으로써 다양한 사람이 작품을 통해 연결되며 작품 주변에 작은 커뮤니티가 생깁니다. 비평을 써서 다른 사람에게 보이거나 이야기하는 것은 커뮤니티 창조로 이어집니다. 만약 그 커뮤니티가 크게 성장하면 여러분이 좋아하는 작품이 영향력 있는 예술로서 영원한 생명을 얻을지도 모릅니다.

4장은 이런 중요한 커뮤니케이션에 바탕을 둔 실천편입니다. 실제로 메인 저자인 저(기타무라 사에)와 비평 수업을 들은 학생인 이지마 히로키(飯島弘規) 씨가 실제로 같은 작품을 본 후 각자 비평을 적고, 서로 의견을 나눈 프로세스를 소개합니다.

그럼 이제 비평을 공부해보도록 하죠. 나비처럼 읽을 준비를 해주세요.

1장

정독하기

2장

분석하기

비평의비결 3 작품에는 반드시 친구가 있다

3장

쓰기

비평의비결 4 나오지 않는 것에도 의미가 있다

정독하기

비평의 비결 2

: '영화관에 간다'라고 말하고 나간 사람은 거짓말을 하고 있다

정독이란?

: 스토킹을 용서받을 수 있는 곳은 텍스트뿐

네가 쉬는 모든 숨
네가 만드는 모든 몸짓
네가 깨뜨린 모든 약속
네가 내딛는 모든 발걸음
나는 항상 너를 지켜볼 거야

_ 폴리스(The Police), 〈Every Breath You Take〉, 1983

비평을 하기 위해서는 대상을 제대로 읽어야 합니다.

편의상 '읽는다'라는 단어를 사용하지만, 영화나 무대 예술을 보는 경우에도 마찬가지입니다. 제대로 읽는다는 것은 무척이나 세세한 부분까지 주목한다는 말입니다. 등장인물의 일거수일투족은 물론, 소설의 지문에 나오는 사소한 묘사나 영화의 색상 구성, 무대 예술의 소도구까지 다양한 부분을 신경 쓰며 작품이 숨기고 있는 것을 파헤쳐야 합니다.

작품을 제대로 마주한다는 것은 현실 세계에서는 부적합하다고 여겨지는 수준의 관심을 허구 세계로 향한다는 것입니다. 이 항목의 첫머리에 영국 밴드인 폴리스의 인기곡 〈Every Breath You Take〉의 서두를 인용했습니다. 이 노래는 스토커의 연심을 어울리지 않는 중독성 있는 멜로디에 실어서 부릅니다. 그래서 불쾌감을 줄 수 있습니다. 현실 세계라면 누군가의 숨소리나 몸짓을 계속 관찰하면 프라이버시 침해이므로 당연히 해서는 안 될 일이겠죠. 하지만 예술작품을 감상할 때는 이 '계속 관찰하는' 수준의 스토킹이 용서되며, 오히려 높게 평가받습니다.

왜 허구의 세계에서는 이러한 스토킹이 용서되며 높은 평가를 받을까요? 예술작품은 현실 세계와는 다르게, 독자에 의해 탐색되고 이해되기 위한 존재로서 만들어졌기 때문입니다. 안타깝게도 현실 세계는 우리에게 이해되기 위한 존재로서 만들어진 것이 아니며, 우리는 자신의 인생조차 제대로 읽어내지 못합니다. 우리가 현실의 인생에서 만나는 사람들은 우리와 마찬가지로 뭐가 뭔지 잘 알지 못하는 세계 속에서 우왕좌왕하며 살아가는 인간이며, 타인이 쉽사리 이해할 수 없습니다. 상대의 의사에 반해 타인의 생각을 파헤치는 것은 프라이버시 침해가 됩니다.

반면 작품의 등장인물은 현실의 인간과는 다르게, 독자의 탐색을 통해 이해되기 위한 존재로서 제시됩니다. 예를 들어 등장인물이 작중에서 무언가를 숨기고 싶어 한다고 해도, 작품은 독자가 그 비밀을 파헤쳐주기를 바랍니다. 그래서 작품 세계에서 제시된 것은 전부 필연성을 가지며, 갑자기 나온 것이 아니라 무언가 의미가 있어서 그곳에 있다고 생각해야 합니다. 등장인물이 숨을 내쉬거나 움직이면 거기에 의미가 있다는 말입니다. 현실 세계에서 우리는 자신이나 주변 사람들을 지키기 위해 꽤 멍하게 살고 있습니다. 하지만 허구 세계와 마주한다면 독자는 주의력을 갈고닦아야 합니다.

이렇게 대상을 굉장히 세세한 부분까지 천천히 신경 쓰며 읽는 방식을 '정독(close reading)'이라고 하며, 모든 비평의 기본으로 여겨지고 있습니다. 정독을 스토킹으로 비유하는 것이 적절하지 않을지 모르지만, 일단 그 정도 수준의 주의력이 필요하다는 점은 이해하세요. 현실 세계에서 우리가 유지하는 의례적 무관심은 확 벗어 던지고, 쓰레기통마저도 탈탈 털어볼 정도로 각오해야 합니다.

엄청난 주의력이 필요한 것은 둘째치고, 비평을 위해 주의 깊게 읽어야 한다는 점은 당연한 말처럼 느껴지나요? 하지만 얼핏 당연한 듯 느껴지는 '정독'이라는 개념은 사실 비평의 역사를 볼 때 비교적 최근에 도입된 개념입니다. '정독'이란 생각보다 꽤 어려운 일이거든요.

: 정독의 시작

> 훌륭한 시는 우리를 정독으로 초대한다. (중략) 독자들은 시의 목적이 다양하며, 반드시 독자가 반사적으로 기대하는 대로인 것만은 아니라는 점을 기억해야 한다.
>
> _ I. A. 리처즈(I. A. Richards), 『실천비평(Practical Criticism)』

문예비평에서 '정독'을 중시하게 된 것은 1920년대에 싹이 트고, 그 후 번성한 신비평(new criticism)이라 불리는 움직임과 깊은 관계가 있습니다. 신비평에 의해 그때까지 행해져왔던 방법, 즉 작품을 역사적 배경이나 작가의 인생 경험에만 무분별하게 환원하는 독서법이나 작품이 독자에 미치는 도덕적 효과만을 중시하는 독서법으로는 어딘가 부족하다고 생각하게 되었습니다. 나아가 어떻게 하면 체계적인 비평을 하고, 그러한 비평을 가르칠 수 있을지 생각하고자 했습니다.

신비평에서는 텍스트 자체만 천천히 마주하고 하나하나 단어의 움직임이나 세세한 부분이 전체에 어떤 영향을 미치는지에 대해 정밀히 분석하는 '정독'이 중시되었습니다. 앞선 인용문은 신비평의 흐름을 만든 비평가 중 한 명으로 여겨지는 I. A. 리처즈의 말로, 정독을 통해 놀랄 정도로 깊이 있는 읽기를 할 수 있다는 기쁨을 암시합니다. 이 독서 방법의 장점은 초보자여도 마음만 먹으면 할 수 있다는 점입니다. 시대 배경을 완전히 파악한 채 글을 읽기 위해서는 오랜 시간에 걸친 방대한 공부가 필요합니다. 그에 반해 엄청나게 주의를 들여 하나의 텍스트를 마주하는 독서 방법은 여러 차례 반복하다 보면 초보자여도 어느 정도 작품을 즐길 수 있게 됩니다.

실제로 이 신비평에 따른 정독 방식은 제2차 세계대전 이후 미국, 즉 이전까지는 대학 진학이 많지 않던 계층의 학생들이 영문학을 배울 수 있게 된 후부터 교육의 장에서 인기를 끌었습니다. 그때까지는 엘리트 계층 출신 학생들을 대상으로 대학 진학에 앞서 받은 교육을 어느 정도 전제하고 문학을 가르칠 수 있었습니다. 하지만 전쟁에 다녀온 사람들(미국에는 전역 군인의 진학을 지원하는 제도가 있습니다)을 중심으로 다양한 배경을 가진 학생들이 늘자, '모두가 특정 지식을 공유하고 있다'라는 전제로 수업하기가 곤란해졌습니다. 정독부터 시작하는 독서법은 그런 교실에서 효과적입니다.

이 정독 중심의 신비평은 이후에 비판을 받았고, 역시 제대로 배경을 공부해야 작품을 이해할 수 있다는 목소리가 커집니다. 최근의 비평에서는 배경지식 없이 작품만 읽는 방식은 환영을 받지 못하며, 솔직히 아무런 배경을 모른 채로 소설을 읽거나 영화나 무대를 봐서는 제대로 내용을 즐길 수 없다고 생각하는 사람도 많아졌습니다. 하지만 정독을 하지 않으면 아무것도 시작되지 않는다는 점에 대해서는 모든 비평가와 연구자가 동의하리라 믿습니다. 비평을 할 때 작품의 세세한 표현에는 그다지 주의를 기울이지 않고 그저 사회 문제나 작가의 인생과 연관 지어 생각하며 독서하는 사람이 많지만, 그래서는 안 됩니다. 우선 정독이 필요합니다.

: 탐정이 되기 위해

범죄자는 창조적인 예술가지만, 탐정은 비평가일 뿐이야.
_ G. K. 체스터턴, 「푸른 십자가」

정독은 얼핏 간단해 보일지 모르지만, 실은 그렇지 않습니다. 시작은 쉬울지 몰라도, 도대체 어디부터 손을 대면 좋을지 모르는 경우가 많습니다.

여기에서 주의할 포인트는 이 항목의 첫머리에 인용한 문구입니다. 이것은 미스터리 작가인 G. K. 체스터턴이 탐정인 브라운 신부를 처음 등장시킨 「푸른 십자가」에서 사용한 것으로, 비평의 포인트를 꿰뚫은 표현입니다. 비평가는 탐정이며, 텍스트는 범죄 현장입니다. 미스터리를 떠올려보세요. 탐정은 돋보기를 들고 범행 현장의 세세한 부분을 체크하고 여러 단서를 유기적으로 조합하여 다른 사람이 놓치고 있던 사실을 발견합니다. 아서 코난 도일의 『주홍색 연구』에서는 셜록 홈스가 처음 대면하는 존 H. 왓슨의 그은 피부나 상처를 보고 그가 아프가니스탄에서 종군했다고 추측하여 맞힙니다. 정독이란 왓슨의 그은 피부와 상처에 주목하고 그것을 결합하는 것과 같은 프로세스라고 생각하세요.

물론 약간의 노력만으로 홈스와 같은 능력을 키울 수는 없겠죠. 좋은 비평 탐정이 되기 위해서는 우선 돋보기 대신 사전을 준비합시다. 소설이든 희곡이든 영화든 좋으니까 작품을 하나 고릅니다. 읽던 책이나 영화의 대사, 자막 등에서 모르는 단어가 나오면 그때마다 사전을 펼치세요. 이것은 초보적인 방법이지만, 실은 무척이나 중요합니다. 사실 우리는 잘 모르는 단어가 있는데도 깨닫지 못하고 건너뛰는 일이 많습니다.

제가 도쿄대학에 다닐 때의 에피소드를 예로 들어보죠. 괴테의 『서출의 딸』이라는 작품이 언급된 문장을 발표한 학생에게 교수님이 "그런데 '서출'이 무엇인가요?"라고 질문했습니다. 그 질문에 답하지 못한 친구에게 교수님이 "조금 더 사전을 펼쳐 보면서 읽도록 하세요"라고 지도한 적이 있습니다. 작품 타이틀은 물론, 지명 같은 단어에 이르기까지 작품에 나오는 모든 단어의 의미를 전부 이해하는 것은 작품을 읽는 데 있어 가장 기본적이며 가장 중요한 일입니다(무척이나 오래된 문헌이라면 단어의 정확한 의미조차 알지 못하게 되므로 독해조차 매우 어렵습니다). 사전을 친구처럼 가까이 두세요. 친구보다 믿음직하답니다.

한 번 읽어서는 이해하기 어려운 부분이나 한 번 봐서는 알 수 없는 장면이 있다면 다시 한 번 그곳으로 돌아가 살펴보세요. 과거에는 영화나 드라마의 경우 이런 방식이 불가능했지만, 지금은 VOD나 스트리밍 사이트 덕에 가능해졌습니다. 감상 중에 노트에 기록해도 좋고, 종이책이라면 관심 가는 부분에 포스트잇을 붙여도 좋겠죠. 이런 것을 반복하여 스스로 납득이 될 때까지 읽어보세요.

하지만 이렇게 말해도 구체적으로 정독을 어떻게 하면 좋을지 모르는 분도 많겠죠. 다음 항목에서 정독을 위해 할 것들을 간단히 설명합니다. 여기에서 소개하는 것이 전부는 아니지만, 기본적인 독서 테크닉으로 사용할 수 있는 방법이 많으니 그것을 기억해두세요. 정독을 위해 해야 할 것과 해서는 안 될 것으로 나눠 설명합니다.

정독을 위해
해야 할 것

: 작품 내의 사실을 인정하자

상상 활동 또한 제약을 받는다. 어떤 상상은 그 문맥 안에서 적절하며
어울리지만, 어떤 상상은 그렇지 않다. 여기에 허구적 진리라는 개념의
중요한 단서가 있다. 간단히 말하면 허구적 진리는 어느 문맥에 있어서 어느
것을 상상하라는 지령 또는 명령이 있음으로써 성립한다. (중략) 합의된 바를
상상하는 것을 거부하는 자는 누구든 '그 믿는 체하기 놀이'를 거부하고
있거나 그 놀이를 잘못된 방법으로 행하고 있는 것이다.

_ 켄달 월튼, 『미메시스: 믿는 체하기로서의 예술』

    픽션(허구)이란 어떤 것이며 무엇으로 구성되어 있을까요?
이 근본적인 물음에 대해서는 허구의 철학이라고 불리는 분
야에서 다양한 분석이 축적되었습니다. 위에 인용한 켄달 월
튼은 허구란 참가자가 '상상하도록 지시된 규칙'에 따라 행하
는 '믿는 체하기 게임'이라고 규정합니다. 허구를 즐기기 위해
서는 최소한 이 믿는 체하기 게임의 규칙을 기준으로 삼아

그 안에서 일어난 일을 규칙에 따라 '허구적 진리'로서 받아들여야 합니다.

이 허구적 진리에 관한 이야기를 조금 더 실천적 비평으로 확대해 생각해봅시다. '작품에 잘못된 해석은 없다'라고 말하는 사람들이 많습니다. 하지만 이것은 잘못된 말입니다. 작품에 올바른 해석은 없지만 잘못된 해석은 존재합니다. 작품을 마주한 독자는 각기 독자적인 생각을 품고 있기에 10명의 독자가 있다면 10개의 해석이 있을 수 있으며, 비평에 올바르며 유일한 해석은 존재하지 않습니다. 하지만 픽션 내에서 사실이라고 제시한 것을 오인하거나 전개를 제대로 이해하지 못한 잘못된 해석은 존재합니다. 스포츠나 게임에서 규칙을 깨면 안 되는 것처럼, 아는 체하기 게임에도 규칙이 있으며 작품별로 최소한 받아들이고 시작해야 한다는 작품 내의 사실이 제시됩니다. 이것은 제대로 인지해야만 합니다.

예를 들어 셰익스피어의 『햄릿』에 관해서 '햄릿의 친부인 선왕 햄릿을 죽인 자는 클로디어스가 아니다'라는 해석이 있습니다. 시가 나오야(志賀直哉)는 "유령의 말 외에는 클로디어스가 형인 왕을 죽였다는 증거는 객관적으로 하나도 존재하지 않는다는 사실을 발견했다"(「창작여담(創作余談)」)라고 말했으며, 그것을 바탕으로 단편소설 「클로디어스의 일기(クローデ

ィアスの日記)」를 썼습니다. 하지만 사실 이것은 잘못된 해석입니다.

3막 3장에서 클로디어스가 혼자 남아 독백으로 '형을 죽였다'라고 고백하고 기도하는 장면이 나옵니다. 이것이 전부 햄릿의 망상이라고 해석하지 않는 한, 클로디어스가 범인이 아니라는 해석은 불가능합니다. 하지만 이 장면의 햄릿은 명백하게 클로디어스가 무슨 생각을 하고 있는지 알지 못하는 모습으로 그려집니다. 햄릿은 우연히 기도 중인 클로디어스 옆을 지나가며, 처음에는 자신을 알아채지 못한 클로디어스를 죽이려고 했지만, 기도 중인 사람을 죽이는 것은 복수에 어울리지 않는다고 생각해 그만둡니다. 그런데 햄릿이 간 후, 클로디어스는 마음이 따르지 않아서 신에게 닿을 만한 제대로 된 기도를 할 수 없었다고 독백합니다. 햄릿과 클로디어스가 서로의 마음에 대해 전혀 깨닫지 못한 채 독백으로 이래저래 고민하는 모습이 자세히 묘사된 장면이므로, 이것이 전부 햄릿의 망상이라는 해석은 기본적으로 성립할 수 없습니다.

무대에서 보면 이 부분은 무척이나 드라마틱한 장면입니다. 그때까지는 건들거리며 지내던 클로디어스가 살인을 고백하고 신에게만은 용서를 비는 장면이라 관객에게 꽤 강렬한 인상을 줍니다. 시가 나오야의 개작인 「클로디어스의 일기」는 나름대로 재미있는 작품으로, 개작이므로 원작을 변경해도 상관이 없으므로 딱히 큰 문제가 되지는 않습니다. 다만 『햄릿』에 대한 해석은 분명 잘못되었으며 전개를 제대로 인식하지 못했습니다. 시가 나오야는 '믿는 체하기 게임'의 규칙을 지키지 않았다고 할 수 있겠죠.

이렇게 작품 내의 사실을 잘못 인정하는 것은 개작의 경우라면 모르지만, 비평에서는 매우 위험합니다. 하지만 인간이란 망각과 실수를 하는 동물이므로, 프로 비평가도 100개의 비평을 쓰면 한두 개 정도는 이상한 내용을 쓰게 되며 편집자나 독자에게 지적을 받아 급히 내용을 바꾸기도 합니다 (저도 그렇습니다). 가끔 벌어지는 일이라면 순순히 사과하고 수정하면 되니까 크게 신경 쓸 필요가 없습니다. 하지만 이런 일이 자주 생긴다면 문제라 할 수 있겠죠.

예를 들어 미국의 영화 비평가 렉스 리드(Rex Reed)는 오류투성이 비평을 쓴다며 자주 비판을 받습니다. 그는 2017년에 기예르모 델 토로 감독의 영화 〈셰이프 오브 워터: 사랑의 모양〉(2017)에 대한 리뷰에서 감독명이 완전히 틀렸고, 말을 못하는 여주인공을 지적장애라고 착각한 리뷰를 썼습니다. 나중에 이 기사는 비판을 받고 수정되었습니다. 또한 2018년에는 조던 필 감독의 영화 〈겟 아웃〉(2017)에 대한

CBS 뉴스 취재에서 '흑인 남성이 로봇이 되는' 영화라고 코멘트했습니다. 하지만 이 영화에 로봇은 나오지 않습니다. 이 정도로 사실 오인이 많으면 비평가로서 문제가 많다고 볼 수 있으니 주의해야 합니다.

: 작품이 말하는 것을 읽어내자

5억 명의 친구를 만들면 몇 명인가는 적이 된다.
_〈소셜 네트워크〉의 영문판 광고 문구

전 항목에서 언급한 완전한 사실 오인과는 조금 다르지만, 또 하나 피할 것이 있습니다. 바로 작품이 표현하고자 하는 점을 제대로 이해하지 못하는 것입니다. 줄거리는 문제없이 이해했더라도 전체 분위기나 전개로 작품이 표현하고자 한 점을 제대로 파악하지 못할 수 있습니다. 명확한 잘못이라고는 할 수 없지만, 이와 같은 이해 부족은 대개 얕은 해석으로밖에 이어지지 않습니다.

예를 들어 페이스북의 성립 과정을 그린 데이비드 핀처 감독의 영화 〈소셜 네트워크〉(2010)를 봅시다. 이 작품에서는 등장인물들이 윤리적으로 볼 때 상당히 문제 있는 행동을 하는 장면이 많습니다. 성차별에서 마약 중독 장면까지, 보다 보면 '이건 좀 아닌데'라고 생각되는 부분이 있습니다. 하지만 이런 장면들에 대해 '마약을 흡입하는 파티 장면을 그리는 것은 옳지 않아'라는 지적을 한다면 그야말로 '이해가 부족한 것'입니다. 이 지적은 매우 표면적이며, 왜 그런 장면이 있는지를 제대로 생각하지 않았기에 나온 것입니다. 무슨 말인가 하면, 〈소셜 네트워크〉에 등장하는 술과 마약에 빠져 소동을 벌이는 파티는, 급속하게 성장한 사회 환경 속에서 화려한 놀이에 물든 젊은이들의 삶에 내포된 허무를 그린 것입니다. 이 항목의 첫머리에 〈소셜 네트워크〉의 광고 문구를 인용했는데, 이는 본작의 냉정하고도 불온한 톤을 상징합니다. 주인공 페이스북 창업자 마크 저커버그는 실존 인물이지만, 핀처 감독과 주연 제시 아이젠버그는 마크 저커버그를 뛰어난 재능을 가졌지만 감정 변화를 알기 어렵고 다른 사람에 대한 공감이 어려운 젊은이로 묘사하고 있습니다. 본작의 파티는 그다지 즐거운 것처럼 그려지지 않으며, 실존하는 기업가를 모델로 삼은 캐릭터인 션 파커(저스틴 팀버레이크 분)가 모두에게 마약을 권하다가 경찰에게 들켜 구차한 변명을 늘어놓는 장면도 등장합니다. 이 영화는 야심만만하고 제멋대로 행동하는 젊은이들을 어느 정도 인간미는 있더라도 전면적으로 호감을 느낄 수 없는 복잡한 인간으로 그리고 있으며, 화려한 파티는 성공의 부정적 면을 상징하고 있습니다.

일반적으로 작품 속에 무언가 사회에 물의를 일으킬 만한 묘사가 등장했을 때는 그것이 긍정적으로 그려지고 있는지 부정적으로 그려지고 있는지, 그도 아니면 가치 판단 없이 제시되고 있는지를 봐야 합니다. 그것이 작품 전체에서 차지하는 비중 및 묘사된 톤을 바탕으로 판단해야 합니다. 이를 제대로 파고들지 않으면 작품이 그리고자 하는 것을 제대로 읽을 수 없습니다.

우선 제대로 작품 내의 사실을 인정하는 부분에서 시작하여 '잘못된 해석을 하지 않는 수준'을 목표로 삼아보세요. 그 후에 각각의 묘사와 전체 관계, 캐릭터의 성격, 장면의 톤을 생각하다 보면 작품이 표현하고자 하는 것도 읽을 수 있게 됩니다. 그러면 작품의 의미가 점차 보이고 자신만의 독자적 해석을 제시할 수 있게 되며 작품이 전보다 재미있어집니다.

앞의 항목에서 비평가는 탐정처럼 여러 단서를 유기적으로 결합하여 다른 사람이 놓친 사실을 발견하는 일을 한다고 설명했습니다. 정독을 하다 보면 문장을 정확히 읽는 것뿐만 아니라, 작품 내의 묘사를 단서로 삼아 그 작품의 새로운 해석법을 발견할 수 있게 됩니다. 다음 항목에서 살펴볼 것은 묘사와 전체의 관계, 캐릭터의 성격, 장면의 톤을 생각해 새로운 해석을 하는 방법입니다.

: 화장실에는 죽음이 도사리고 있으니 신경을 곤두세우자

1막에서 라이플을 소개했다면 3막에서는 반드시 라이플을 쏴야 한다.

_ 안톤 체호프

위의 인용은 러시아의 극작가 안톤 체호프의 극의 장치 이론에 나오는 말입니다. 연극이나 소설의 기법으로 흔히 말하는 '체호프의 총'이라는 개념은 여기에서 나왔습니다. 이말은 작중에 등장한 것에는 반드시 필연성이 있어야만 한다는 뜻입니다. 21세기 작품 중에는 에드거 라이트 감독의 영화 〈새벽의 황당한 저주〉(2004)가 이것을 그대로 이용하고 있습니다. 극 중 '윈체스터'라는 이름의 술집이 무대로 나오는데, 이것은 윈체스터 라이플이 벽에 걸려 있는 것이 가게 이름의 유래이며 마지막에 이 총이 사용됩니다.

이것은 편리한 개념이지만, 미디어나 작풍에 따라 꽤 특성이 다르기도 하기에 주의해서 사용해야 하는 개념이기도 합니다. 체호프는 소설도 썼지만, 뛰어난 극작가로 더 유명했습니다. 영화나 텔레비전 드라마와는 다르게 소도구나 대도구를 일부러 준비해야만 하며 클로즈업이나 편집을 통해 관객의 주의를 조작할 수도 없는 무대 예술에서는 불필요한 것을 생략해서 무언가를 돋보이게 함으로써 관객의 의식을 유도한다는 점에서 이 기법은 매우 유용하며 예산 절약에도 도움이 됩니다. 체호프는 종반까지는 그다지 극적인 사건이 일어나지 않는 조용한 사람들의 심경을 그리는 희곡을 쓰는 것에 뛰어났기에, 불필요한 것을 내보이지 않는 것은 미적으로도 중요했을 테죠.

반면 쓸데없이 많은 것을 담아냄으로써 과도함을 선보이는 작풍의 작품에서는 딱히 벽에 걸려 있는 총이 발사되지 않더라도 다양한 의미를 읽어낼 수 있습니다. 예를 들어 벽에 총이 걸려 있다고 해도, 그 옆에 박제된 사슴 머리나 스포츠 경기 상장이 여기저기 걸려 있다면 어떨까요? 만약 영화나 텔레비전 드라마에서 그런 벽이 비쳤다면, 아마도 시청자는 '이 방의 주인은 야외에서 몸을 움직이는 것을 좋아하고, 그런 것을 드러내고 싶어 하는 성격이구나'라고 추측할 수 있겠죠. 방 주인의 성격을 파악하는 단서로서 총이 나와 있으므로, 딱히 발사되지 않아도 의미가 있는 물건으로서 기능한다는 말입니다.

통상 체호프의 총은 커다란 전개의 복선을 의미하는 것으로 사용될 때가 많습니다. 다만 비평을 할 때는 이 개념의 의미를 조금 더 넓게 파악하여, 등장하는 것에 제대로 의미를 부여하는 것이 중요하다는 이야기로서 받아들이는 편이 좋습니다. 앞서 말한 것처럼 작품이란 독자에게 이해되기 위해 존재합니다. 기본적으로 작중에 나온 것에는 전부 의미가 있다고 생각하고, 특히 여러 차례 나온 것, 천천히 시간을 들여 묘사된 것, 일반적이라면 그곳에 있을 리 없음에도 등장한 것이라면 주목해야 합니다. 작품에 무언가 묘사되어 있다는 말은 이야기를 전개하는 과정에서 무언가 의미가 있다는 뜻이기 때문입니다.

예를 들어 살펴보죠. '여러 차례 나온 것'의 예로서는 샘 멘데스 감독의 영화 〈007 스펙터〉(2015)에서의 천공(穿孔)과 침투를 꼽을 수 있습니다. 이 영화에서는 주인공인 스파이 제임스 본드(다니엘 크레이그 분)가 어떤 종류의 친밀성으로 이어진 상대로부터 바늘과 같은 것에 찔리는 장면이 두 번 나오며, 이 천공·침투 과정의 차이로 본드의 진짜 친구와 적을 구별할 수 있습니다. 반복해서 나오는 모티브를 실마리로 삼아 캐릭터 사이의 관계성을 분석할 수 있다는 말이죠.

초반부에서는 영국 정보국 비밀정보부의 개발 담당인 Q(벤 위쇼 분)가 에이전트의 위치정보를 언제나 확인할 수 있도록 제임스 본드의 팔에 추적용 칩을 심는 장면이 나옵니다. 이 칩을 찔러 넣는 장면에서 Q는 본드에게 'prick'이라는 말을 사용하며, 이것은 표면상 '따끔하게 찌르다'라는 의미지만, 속어로는 '남성의 성기'라는 의미도 있기에 음담패설 식의 가벼운 말을 던지는 남자들 사이의 친밀감이 드러납니다. Q는 제임스 본드의 위험한 행동에 불만이 있는 듯한 태도를 보입니다. 하지만 그렇기는 해도 신뢰할 수 있는 아군이기에 제임스 본드에게 도움이 되지 않는 상황이라고 여겨질 때는 추적을 통해 얻은 정보를 보스에게 숨기는 월권행위도 합니다. 여기에서는 상대방의 내부에 침투해 있어도 그곳에서 얻은 정보를 함부로 타인에게 전하지 않는 것이 진정한 친구라는 점이 드러납니다.

한편 제임스 본드는 후반부에 과거 의형제처럼 지냈지만 지금은 적이 된 오버하우저(크리스토프 왈츠 분)로부터 바늘에 찔리는 고문을 받습니다. 천공과 침투에 의해 얻은 정보를 함부로 타인에게 전하지 않는 Q와는 다르게 오버하우저는 사람의 감정을 관리함으로써 권력을 얻고 싶어 하고, 나아가 제임스 본드를 바늘로 천공함으로써 고문하여 육체와 내면 양쪽을 파괴하려고 합니다. 천공과 침투로 얻은 정보를 비밀로 취급하며 제임스 본드를 지키려는 Q와 폭력적인 천공과 침투를 통해 파멸시키려는 오버하우저는 대치되어 있으며, 동일한 행동을 하는 상대라고 해도 세세한 행동의 차이로 적과 아군을 알 수 있다는 점이 드러납니다.

'천천히 시간을 들여 묘사된 것'의 예로서는 〈매드 맥스: 분노의 도로〉(2015)에 나오는 액체를 꼽을 수 있습니다. 이 영화에서는 물, 모유, 혈액과 같은 '흐르는 액체'가 계속 등장합니다.

서장에서 시타델의 전제군주인 임모탄 조(휴 키스번 분)가 물의 흐름을 컨트롤하고 과다 공급이 되지 않도록 멈춤으로써 사람들을 지배한다는 사실이 드러납니다. 시타델에서는 수유를 할 수 있는 여성들은 자원으로서 수유를 착취당하며, 또한 주인공 맥스(톰 하디 분)는 피 주머니라고 불리며 혈액을 빼앗기는 등 흐르는 액체를 멈추거나 빼앗거나 하는 것이 시타델의 억압적인 체제의 상징으로서 그려집니다. 하지만 종반, 맥스는 자신의 혈액을 상처 입은 퓨리오사(샤를리즈 테론 분)에게 자발적으로 제공하며, 빼앗기는 것이 아니라 상냥한 마음으로 타인을 위해 제공하는 액체가 등장합니다. 임모탄 조가 무너지고, 시타델에 물이 공급되는 장면에서 영화가 끝나며, 막혀 있던 액체가 흘러나오는 것이 시각적으로 해방의 상징으로서 제시됩니다. 이 작품에서는 액체의 흐름에 대한 묘사가 작품 전체를 관통하는 정치체제의 변화를 나타내는 것으로 사용되고 있습니다.

'일반적이라면 그곳에 있을 리 없음에도 등장하는 것'의 예로서는 켄 로치 감독의 영화 〈나, 다니엘 블레이크〉(2016)의 화장실을 꼽을 수 있습니다. 일반적으로 영화에서 등장인물이 화장실에 간다면 시청자는 최대한 경계하는 편이 좋습니다. 왜냐하면 화장실 같은 일상생활의 한 장면은 나오지 않아도 일반적으로 이야기 전개에 문제가 없기 때문입니다. 주인공이 "화장실 좀 갔다 올게"라고 말했다면, 화장실에 살인마나 외계인이 숨어 있다거나 누군가가 발작을 일으킨다거나 중요한 정보를 엿듣는다거나 하는 전개로 이어질 가능성이 큽니다.

영국의 관료주의적 복지정책을 통렬하게 비판한 〈나, 다니엘 블레이크〉에서는 병에 걸리고 빈곤에 허덕이며 큰 고생을 해서 겨우 제대로 된 복지 신청을 할 수 있게 된 주인공 다니엘(데이브 존스 분)이 불복 신청 직전에 화장실에 간다고 말합니다. 지병이 있는 사람이 화장실에 간다고 말한 것이니까 관객으로서는 싫은 예감을 품지 않을 수 없습니다. 예상대로 다니엘은 화장실에서 쓰러지고 맙니다. 화장실이란 배설하는 곳이므로, 일반적으로 건물 안에서도 초라한 장소로 간주되기 쉽습니다. 지금까지 열심히 살아남고 겨우 정부의 부당한 조치에서 벗어나게 될 것 같던 다니엘이 화장실에서 쓰러져 죽어버린다는 전개는, 영화 전체의 주제인 정부 정책의 불비(不備)가 철저히 인간을 불행하게 하고 비참한 죽음으로 내몬다는 사실을 강조하고 있습니다. 이 작품에서는 일반적이라면 나오지 않을 터지만 특별히 그려지는 장면에서 느껴지는 톤으로부터 작품 전체를 읽어낼 수 있습니다.

이런 식으로 독자는 각자의 머릿속에 금속탐지기 같은 것을 갖춘 채, 미디어의 종류나 작풍에 따라 체호프의 총에 해당하는 것을 탐지하고 의미를 풀어내야 합니다. 처음에는 쉽지 않지만, 익숙해지면 생각보다 잘할 수 있게 됩니다. 몇 번이고 나오는 물건을 노트에 적거나 포스트잇으로 체크하는 등의 방법을 통해 어떤 의미의 물건으로 사용되는지 생각해보는 것도 좋겠네요.

: 여주인공에게 상냥하게 구는 남자는 대개 그녀를 꾀려 하고 있다

네가 와줘서 너무 기뻐.
_ 〈미드소마〉, 2019

여기서 갑작스럽지만 제 반려자가 등장합니다. 2021년 6월

20일, 하지 전날에 저와 남편은 아리 애스터 감독의, 하지가 주제인 호러 영화 〈미드소마〉를 봤습니다. 앞에 인용한 대사는 스웨덴의 호르가 마을 출신의 펠레(빌헬름 블롬그렌 분)가 여주인공 대니 아더(플로렌스 퓨 분)에게 감사를 표하는 장면에서 나오는 말입니다. 대니는 뭔가 제대로 풀리지 않는 연인 크리스티안(잭 레이너 분)과 함께 호르가 마을의 하지 축제에 오게 되었고, 펠레는 그것을 기뻐합니다.

저는 영화관에서 이 대사가 나온 시점에 펠레가 분명 이 영화가 끝나기 전에 대니를 꾀려 나서리라고 생각했습니다. 마지막까지 보다 보니 단순히 꾀는 것 이상으로 큰 사건이 벌어지지만, 펠레가 대니에게 호의를 품고 있다는 예상은 맞았습니다. 하지만 남편은 이것을 깨닫지 못했고, 제가 영화를 본 후 언급하니 놀라더군요.

아마 남편은 괴담을 좋아하지만 저는 로맨틱 코미디를 좋아하다 보니 그로 인한 해석의 차이 때문인 것 같습니다. 〈미드소마〉는 얼핏 보면 호러 영화지만, 그 구조를 보면 '별 볼 일 없는 여자아이가 갑자기 여왕으로 선정된다'라는 소녀의 망상을 구현한 로맨틱 코미디와 많이 닮은 만듦새입니다. 이런 유의 로맨틱 코미디에서는 여주인공에게 상냥한 말을 건네거나 배려해주는 남성은 대부분 여주인공에게 연심(혹은 흑심)을 품고 있거나 여주인공이 그에게 빠질 수밖에 없는 요소를 갖추고 있습니다. 로맨틱 코미디에서는 과하다 싶을 만큼 이런 전개가 많다 보니, 이를 비꼰 〈그는 당신에게 반하지 않았다〉(2009)라는 영화도 존재합니다. 이런 유의 작품을 많이 접하지 않으면, 제 남편처럼 이 호러 영화에 담긴 로맨틱 코미디의 요소를 놓칠 수 있습니다.

연애물이나 〈미드소마〉처럼 얼핏 연애물로 보이지 않아도 그런 요소를 품은 작품에서는 주인공에게 상냥한 인물은(최근에는 동성애 로맨스물도 많으므로 성별은 구별하지 않습니다) 대개 작품이 끝나기 전에 주인공과 로맨틱한 관계를 이룹니다. 〈미드소마〉의 펠레처럼 진심을 가지고 상대에게 다가가기도 하지만, 〈악마는 프라다를 입는다〉(2006)에서 앤드리아(앤 해서웨이 분)를 꾀는 크리스찬(사이먼 베이커 분)처럼 주인공을 유혹할 뿐, 진짜 연인은 되지 않는 '서브남' 캐릭터인 경우도 있습니다. 이런 패턴을 알고 영화를 보면, 처음부터 이런저런 복선을 살피면서 주의 깊게 볼 수 있습니다.

이런 독서가 가능한 이유가 뭘까요? 픽션은 현실의 인생과 다르게 전개에 필요한 것만 묘사하기 때문입니다. 현실에서는 약간 친절하게 구는 사람에게 연심이 싹트는 일은 거의 없으며, 그런 것만 생각하다 보면 망상증 환자가 되겠지만,

이야기의 세계에서는 무언가가 그려지면 그것은 나중의 전개와 관계가 있습니다(만약 관계가 없다면 이야기의 만듦새에 분명 무언가 문제가 있는 것입니다). 현실과 픽션은 다르다는 사실을 인식하고, 등장인물이 누군가에게 친절하게 대했을 때는 주의 깊게 읽도록 합시다.

: 자신에게 사악한 성욕이 있다는 것을 자각하자

> 아, 눈먼 사랑이여, 내 눈에 무슨 짓을 했느냐.
> 왜 보고 있는데도 눈에 무엇이 비치는지 모르는 것이냐.
> 아름다움이 무엇인지, 그것이 어디에 있는지 알고 있음에도
> 최악의 것을 최고의 것으로 착각하노라.
>
> _ 셰익스피어, 『소네트』, 137장 1~4행

이 항목에서 설명하는 것은 평범한 비평 교실에서는 가르치지 않을 만한 내용일지도 모릅니다. 저도 수업에서는 학생이 자신도 모르게 프라이버시에 관한 것을 말하면 좋지 않다고 생각해서 거의 이야기하지 않지만, 여기에서는 책을 읽는 독자들의 프라이버시를 제가 알아챌 걱정이 없으니 논해보고자 합니다.

너무 노골적인 이야기지만, 비평할 때는 자신의 성적 기호나 취미를 제대로 이해하는 것이 좋습니다. 이것은 비평하

는 사람의 편견을 인식하는 문제와 관계가 있습니다.

앞의 인용문은 셰익스피어의 소네트(14행으로 구성된 시)에서 가져온 것입니다. 셰익스피어를 포함한 근세 유럽의 문인들은 사랑에 빠진 사람은 이성을 잃고 바보가 된다는 생각을 강하게 품었습니다. 누군가에게 강하게 끌리면, 상대가 나쁜 짓을 해도 변호하게 되는 등 대상의 결점이 보이지 않게 됩니다. 셰익스피어의 소네트 중에는 저항할 수 없는 매력을 가진 섹시한 연인에게 어쩔 수 없이 매혹당해 애정과 성욕이 뒤섞여 상대의 나쁜 점과 추악한 점도 보지 못한다는 묘사가 자주 등장합니다.

사랑이나 성욕 탓에 상황을 제대로 판단하지 못하는 일은 무대 예술이나 영화를 비평할 때 생각보다 자주 벌어집니다. 무대나 영화에 나오는 배우 중에는 매력적인 사람이 많고(용모가 어떻다기보다는 존재감이나 카리스마가 강렬한 사람이 많습니다), 자신도 모르게 사로잡히는 일이 많습니다. 하지만 그렇게 되면 이야기 전체에 대한 주의가 소홀해집니다. 연극 팬 사이에서는 미야자와 리에(宮沢りえ)가 나오는 무대를 보면 그녀의 모습에 못이 박혀서 미야자와 리에밖에 기억에 남지 않는다는 우스갯소리가 퍼져 있습니다. 단순히 즐기기 위해서라면 모르지만, 비평하고자 한다면 문제가 될 수 있습니다.

제아무리 미야자와 리에가 아름답고 카리스마 있는 뛰어난 배우라고 해도 눈을 빼앗겨서는 안 됩니다.

사적인 내용이라 송구하지만, 제가 제 성적인 기호가 비평에 상당한 영향을 끼친다는 사실을 자각한 것은 2014년에 데이비드 테넌트(David Tennant)가 주연한 〈리처드 2세〉 무대를 런던에서 봤을 때였습니다. 저는 그때 일본에서 영국에 도착한 지 얼마 되지 않은 시점이었고, 시차 적응에 문제를 겪고 있었습니다. 테넌트는 스코틀랜드 출신의 유명한 남자 배우로, BBC의 인기 TV 시리즈 〈닥터 후〉의 10대 닥터 역을 맡았습니다. 저는 테넌트의 열렬한 팬으로, 개인적으로는 세상에서 가장 멋진 셰익스피어 배우라고 생각합니다(멋진 배우는 많으니 다른 의견도 있으리라 생각합니다). 그렇기에 기대를 품은 채 공연을 보러 갔지만, 시차 적응 문제로 성욕이 없던 탓이었는지 테넌트의 매력에 매혹되지 않았고(이때의 테넌트는 긴 머리칼을 휘날리며 양성성을 두루 갖춘 복장을 입은 미남 리처드 2세를 연기했습니다), '여전히 멋지네'라고 생각하면서도 주의가 분산되지 않았기 때문인지 놀랄 정도로 냉정히 연출을 검토할 수 있었습니다. 저 자신도 놀랐습니다. 그날 이후, 좋아하는 배우가 나오는 공연을 볼 때는 자신이 성욕에 사로잡혀 있지는 않은지, 그저 배우의 매력에 압도당한 것이 아닌지 주의하며 보게 되었습니다.

　중요한 것은 자신의 성적 기호를 냉정히 파악하는 것입니다. 이 항목의 타이틀에서는 '사악한 성욕'이라는 표현을 썼지만, 이것은 성욕을 가지는 것이 나쁘다는 것을 의미하지 않습니다(성별이나 성적 지향과 관계없이 성욕이 없는 사람보다는 있는 사람이 더 많을 테고, 성욕이 있다는 것이 나쁘다는 의미는 결코 아닙니다). 그보다는 성적 기호에 사로잡혀 독해를 소홀히 할 수 있다는 점을 말하고 싶습니다. 하지만 성적 기호를 차단하고 작품을 보기는 어렵습니다. 최소한 '자신의 성적 기호가 평가에 영향을 미칠 가능성이 있다'는 점을 염두에 두고 작품을 보는 것이 분명 제대로 된 비평과 이어질 터입니다.

　'성적 기호'란 이성애나 동성애 등 어떤 성별이나 젠더에 매료되는지를 나타내는 '성적 지향'과는 다르며, 더 넓은 의미에서 사람의 성에 관한 다양한 취향을 지칭하는 표현입니다. 또한 저는 여기에서 이 표현을 이성애자가 이성에게 끌릴 때의 취향이나 동성애자가 동성에게 끌릴 때의 취향보다 조금 더 넓게 사용하고 있습니다. 픽션을 즐길 때는 이성애자 관객이 동성 캐릭터에 끌리거나 동성애자 관객이 이성 캐릭터에 끌리는 일도 자주 있으며, 그런 것도 염두에 두어야 하니까요.

꼭 좋아하는 것에만 사로잡히는 것은 아닙니다. 생각하지 못한 곳에서 돌연 자신의 취향이 나와서 평가에 나쁜 영향을 미치기도 합니다. 2014년 영국의 글린데본 페스티벌 오페라에서 리하르트 슈트라우스의 〈장미의 기사〉가 상연되었을 때, 아일랜드의 메조소프라노인 타라 에로트(Tara Erraught)가 여성이 남장을 한 채 연기하는 옥타비안 역을 맡았습니다. 이에 대해 여러 남성 비평가가 타라 에로트의 통통한 체형을 흉보는 비평을 써서 강한 비판을 받았습니다. 이것은 오페라계에 만연한 외모지상주의의 문제인 한편, 마른 여성에게서 더더욱 매력을 느낀다는 자신들의 성적 기호를 비평가들이 자각하지 못한 채 드러내버린 결과이기도 할 테죠.

또한 2019년 12월에는 영화 비평가인 스콧 멘델슨(Scott Mendelson)이 〈스타워즈〉 속 3부작에서 애덤 드라이버가 연기한 벤 솔로/카일로 렌의 캐릭터가 높은 평가를 받는 것에 대해, 트위터에 "만약 이 역할을 연기한 것이 애덤 드라이버 정도의 미남이 아니었다면, 벤 솔로의 '속죄'에 열중한 사람들이 똑같이 반응했을까?"라는 글을 남겨, 여러 계정으로부터 애덤 드라이버는 연기력은 있지만 딱히 미남은 아니기에 적절하지 않은 내용이라는 취지의 비난을 받았습니다. 이것도 얼굴의 취향이 비평에 영향을 미치는 예로 들 수 있겠죠.

다만 성적 기호는 솔직히 스스로 인정해버리면 비평에서 오히려 유리하게 사용될 수도 있습니다. 비평 중에는 퀴어 비평이라 불리는 성적 일탈이나 비틀기에 주목하는 유형의 비평이 있는데, 이 퀴어 비평에서는 이성애자가 아닌 비평가가 (이것은 성적 기호보다는 성적 지향에 관한 것이라 말할 수 있겠네요) 게이 컬처의 미의식이나 성문화를 근거로 작품을 해석하는 일이 자주 있습니다. 1995년에 만들어진 할리우드 영화에 관한 성적 아이덴티티를 다룬 다큐멘터리 영화 〈셀룰로이드 클로지트〉에서는 동성애자 관객은 의상의 어떤 부분에 주목하며 영화를 보는지, 레즈비언 관객은 조앤 크로포드 같은 여성의 어떤 면에서 매력을 느끼는지에 관해 진지하게 비평하는 장면이 나옵니다.

또한 저는 제가 남성 간의 친밀한 관계에서 무언가 에로틱함을 느끼는 슬래셔(흔히 동인녀나 후조시(腐女子) 등으로 불리지만, 부정적인 느낌이 들어 저는 영어권에서 쓰는 '슬래셔(slasher)'라는 말을 좋아합니다)라는 점을 분명히 하며 비평을 하는데, 그렇게 자각하고 나서부터는 비평이 오히려 쉬워졌습니다. 저는 전작인 『설탕과 스파이스와 폭발적인 무언가(お砂糖とスパイスと爆発的な何か)』에서 슬래셔가 빅토리아 시대의 연애소설인 『폭풍과 언덕』(1847)을 읽으면 어떻게 되는지에 관해 썼는

데, 이 자각 덕에 그때까지의 비평과는 다른 측면을 발견할 수 있었습니다.

반복하지만, 성적 기호가 있다고 딱히 나쁜 것은 아닙니다. 비평을 할 때는 자신의 성욕에 대해 자각하고, 그것이 작품 평가에 불필요한 영향을 끼치지 않도록 신경 쓰면 됩니다. 배우의 용모가 취향이 아니라는 점만으로 부정적 평가를 해서는 안 되며, 마음에 드는 배우가 나온다고 해서 이야기로서는 재미없는 것을 옹호하는 것도 좋지 않습니다. 그리고 사용할 수 있을 때는 자신의 성욕을 제대로 사용해 비평합시다. 여러분이 혹시 다리 페티시라면, 분명 여성의 다리를 매우 좋아하는 듯 보이는 쿠엔틴 타란티노의 촬영 방법에 대해 무언가 독창적인 지적을 할 수 있을지 모릅니다. 슬래셔라면 도처에서 친밀함의 표현을 발견할 수도 있겠죠. 자신의 욕망에 솔직해지는 것부터 시작해보세요.

정독을 위해
해서는안되는것

: 모두가 거짓말을 하고 있으니 아무도 믿지 말자

아무도 믿지 마라.

_ 〈엑스파일〉, 시즌 1 24화, 1994

비평할 때는 무턱대고 사람을 믿어서는 안 됩니다. 여기에서 말하는 사람이란 작품에 나오는 사람을 말합니다. 등장인물, 나아가 소설이라면 지문에서조차 거짓말을 할 가능성이 있습니다.

우선 화자가 거짓말하는 경우에 관해 설명하기에 앞서, 화자란 무엇인지 먼저 생각해봅시다. 소설의 화자란 셜록 홈스 시리즈의 왓슨이나 허먼 멜빌의 『모비딕』에 나오는 이스마엘처럼, 작중 세계에 존재하며 스스로 행동하는 명확한 등장인물인 경우가 있습니다. 한편 제인 오스틴의 『오만과 편견』에서는 갑자기 등장인물에 없는 화자가 "재산이 많은 독신 남자에게 아내가 필요하다는 것은 세간에 널리 알려진 진실이다"라고, 딴죽을 걸고 싶어지는 농담조의 서술이 첫머리에 등장합니다(읽다 보면 이것은 등장인물인 베넷 부인의 행동을 풍자하는 말이라는 사실을 알 수 있습니다). 오스틴의 작품에 나오는 것처럼 뭐든 알고 있고 다양한 사실을 독자에게 가르쳐주는 수수께끼의 화자는 '전지적 화자'라고 불리며, 작중 세계에 존재한다고 말하기는 어려울 때가 많습니다. 또한 어빈 웰시의 『트레인스포팅』처럼 각 장마다 화자가 바뀌는 소설도 있습니다.

영화나 연극에는 소설처럼 이야기 전체를 언어로 말하는 주체로서의 화자가 없을 때도 많지만, 시점이 되는 인물이 존재하는 경우가 있습니다. 소설 『작은 아씨들』을 영화화한 2019년의 영화 〈작은 아씨들〉에서는 시얼샤 로넌이 연기하는 작가 조 마치의 시점으로 이야기가 진행됩니다. 또한 뮤지컬 〈펀 홈〉은 원작자 엘리슨 벡델의 시점으로 이야기가 진행됩니다.

소설의 화자나 연극과 영화의 시점 인물에 관해서는 '신뢰할 수 없는 화자'라는 유명한 개념이 있습니다. 이것은 작품의 화자 혹은 시점 인물이 말하는 것을 독자가 액면 그대로 받아들일 수 없는 경우에 사용하는 표현입니다. 시카고

대학의 연구자였던 웨인 부스는 『소설의 수사학』에서 이 신뢰할 수 없는 화자(신빙성 없는 화자)에 대해 '그 작품의 규범'에 따라 행동하지 않으며, "보다 강하게 독자에게 추론하는 힘을 요구한다"라고 논하고 있습니다. 신뢰할 수 없는 화자가 나오는 작품이라면 독자는 주의하며 도전해야 합니다.

화자를 신뢰할 수 없는 이유는 많습니다. 무언가 숨기고 싶은 것이 있어서 의도적으로 거짓말하는 경우, 무의식중에 말하기 싫은 것을 건너뛰며 독자에게 가르쳐주지 않는 경우, 화자가 아이이거나 병이 있거나 현지에 관해 제대로 알지 못하는 여행자이거나 술이나 마약에 취해서 이야기 내의 사정을 이해하지 못하는 경우, 예전 일을 떠올리는 것이기에 기억이 확실하지 않은 경우 등 다양한 경우가 있습니다. 독자는 본래 가장 중요한 정보 공급원이어야 할 화자가 정확한 사정을 가르쳐주지 않으니, 화자가 무의식중 불쑥 흘린 정보에 불온한 것을 느끼고 사태를 판단해야 합니다.

현대 소설가 중에서는 2017년에 노벨 문학상을 받은 가즈오 이시구로가 이런 수법의 불온한 이야기 조작에 능합니다. 1989년에 발표된 『남아 있는 나날』은 화자인 집사 스티븐스가 언뜻 보기에는 매우 진지하게 회상하는 것처럼 보여도, 실은 다양한 정보를 억누르고 있다는 사실이 요소요소에 드러납니다. 신뢰할 수 없는 화자가 여러 명 나오는 작품도 있습니다. 예를 들어 에밀리 브론테의 『폭풍의 언덕』의 락우드와 엘렌을 들 수 있습니다. 전자는 사정을 이해하지 못하는 외부자이기에, 그리고 후자는 사정을 너무 잘 알고 있지만 고집과 편애를 가지고 있기에 어느 쪽도 화자로서는 그다지 신뢰할 수 없습니다.

영화에서도 이처럼 시점 인물을 신용할 수 없는 작품이 많습니다. 아쿠타가와 류노스케의 「덤불 속」과 「라쇼몽」을 원작으로 하는 구로사와 아키라의 영화 〈라쇼몽〉(1950)은 이것을 활용한 작품입니다. 이 작품에 의해 하나의 사건에 관한 사실 인정이 증언자별로 다른 상황을 가리키는 '라쇼몽 효과'라는 말도 생겨났습니다. 최근 작품 중에는 〈조커〉(2019)를 들 수 있겠네요. 시점 인물인 아서(호아킨 피닉스 분)가 정신적 문제를 품고 있으며, 특히 종반에는 건강 상태가 악화되어 판단력 저하를 일으킵니다. 그래서 어디까지가 영화 내의 사실이고 어디까지가 본인의 망상인지 알아채기 어렵습니다.

이야기 전체의 화자가 아니라, 작중 일부에 등장인물이 만든 화자가 삽입되어 신뢰할 수 없는 경우도 있습니다. 예를 들어 쿠엔틴 타란티노의 영화 〈헤이트풀 8〉(2015)은 서술상의 트릭이 반복해서 나오며 등장인물도 바뀝니다. 주인공 역인

마키스 워렌(사무엘 L. 잭슨 분)이 종반에서 행하는 회상은 사실인지 거짓인지 알기 어렵습니다.

: 거짓말을 간파하자

거짓말을 하는 것을 알면서도 나는 믿고 만다.
_ 셰익스피어, 『소네트』, 138장 2행

화자를 신뢰할 수 없는 상태라면 독자로서는 유일한 정보원이 정확하지 않은 상황이므로 무척이나 큰일입니다. 다만 한편으로는 '신뢰할 수 없는 화자' 개념은 꽤 널리 알려져 있고, 비평에서도 경계해야 할 대상으로서 가장 먼저 손꼽는 것 중 하나이므로 의외로 깨닫기 쉬운 면은 있습니다. 다른 등장인물의 증언을 볼 때 무언가 거짓말을 하고 있다는 점이 눈에 보이는 화자, 부자연스럽게 자신만만한 화자, 몸 상태가 안 좋아 보이는 화자는 일단 경계하세요. 의외로 성가신 것이 '화자가 아닌 등장인물이 거짓말하는 경우'입니다. 이것은 명확한 화자가 있는 소설보다는 오히려 각각의 등장인물이 독자적으로 행동하는 연극이나 영화에서 자주 발생합니다. 심지어 마지막까지 거짓말하고 있는지 아닌지 확실하게 드러나지 않은 채 끝나버리는 일도 자주 있습니다.

예를 들어 셰익스피어의 로마극인 『안토니와 클레오파트라』 제5막 제2장에서는 분명 클레오파트라가 거짓말을 하고 있지만, 그다지 확실히 드러나지 않습니다. 연인인 안토니를 잃고 로마와의 싸움에서 패배한 클레오파트라가 적장 옥타비우스에게 재산 전부를 정리해두었다는 목록을 꺼내지만, 재무 담당인 셀레우코스가 클레오파트라를 배신하여 여기에 기재된 것 말고도 재산이 남아 있다고 밝히는 장면이 있습니다(147행). 클레오파트라는 이에 대해 개인 소지품 및 옥타비우스의 여성 가족에게 진상할 만한 것은 따로 빼두었다고 변명합니다(163~170행).

여기에 대해서 셀레우코스가 클레오파트라를 배신했다는 표면 그대로의 해석이 있는 한편, 갑자기 클레오파트라가 옥타비우스를 불러 세우고 재산 이야기를 시작했다는 점이 무척이나 부자연스럽다는 점에서 클레오파트라와 셀레우코스가 사전에 짜고 둘 다 거짓말을 하고 있으며 클레오파트라에게 자살의 의지가 없다는 점을(개인 소지품이나 진상품을 따로 빼두었다는 것은 앞으로의 생활에 대비할 의지가 있다는 의미이므로) 일부러 옥타비우스에게 보여주기 위해 연극한 것이라는 해석이 있습니다. 클레오파트라는 이 직후에 옥타비우스의 방심을 틈타 자살해버리므로 아마도 후자의 해석이 타당한 것처럼 보이지만, 클레오파트라가 '거짓말했다'는 것은 증명되지 않으므로 관객의 해석에 맡길 수밖에 없습니다.

셰익스피어의 희곡에는 이렇게 등장인물이 무슨 생각을 하고 있는지 일부러 모호하게 만든 부분이 많습니다. 특히 『안토니와 클레오파트라』의 클레오파트라는 좀처럼 방심할 수 없는 정치가로, 연애에서도 다양한 농간을 부리기에 진심으로 말하는 것인지 속셈이 있어서 입에서 나오는 대로 말하는 것인지 쉽게 알 수 없는 장면이 여럿 있습니다. '이것은 거짓말일까? 진짜일까?'라고 하나씩 생각하면서 보는 것이 셰익스피어 희곡의 묘미 중 하나입니다.

등장인물이 거짓말을 하는지 알아챌 때 편리한 포인트가 있습니다. 특정 장소에 나간다고 말하고 사라지는데도 불구하고 그 장소에서 시간을 보내는 모습이 명확히 묘사되지 않는 경우, 사실 그 인물은 그곳에 가지 않았을 수 있습니다. 미스터리에서는 이 수법이 자주 등장하지만, 미스터리를 제외하고도 꽤 자주 이런 의심을 불러일으키는 묘사를 찾아볼 수 있습니다.

예를 들어 테네시 윌리엄스의 희곡『유리 동물원』의 화자인 톰은 매일 늦게까지 영화를 보러 다닌다고 말하지만, 어머니인 아만다는 새벽 2시까지 영화관에 있다는 것은 이상하다며 발언의 진의를 의심합니다(제3장). 작중에 확실히 그려지지는 않지만, 제 해석으로는 아마도 톰은 게이인 듯합니다. 이른 시간에는 영화관에 있을지 모르지만 늦은 시간에는 동성애 상대를 찾아다니며, 작중에 누나인 로라에게 "영화관에서 열린 쇼의 기념품으로 마술사에게 스카프를 받았다"라고 하는 장면의 마술사는 정사의 상대였던 것이 아닐까 추측합니다. 『유리 동물원』은 섬세하고 여백이 많은 희곡으로, 제 해석이 맞는다고 단정할 수 없겠죠. 다만 저자인 윌리엄스 본인이 게이이며 퀴어적 독해가 가능한 작품을 여럿 썼다는 사실을 생각하면, 아마도 이런 면에서 일관성을 가지고 비평할 수 있어 보입니다.

조금 더 새로운 작품을 예로 들자면, 북아일랜드의 극작가 오웬 맥카퍼티(Owen McCafferty)의 1998년 희곡 〈모조 미키보(Mojo Mickybo)〉에 나오는 주인공 소년 모조의 아버지는 언제나 춤을 추러 간다고 말합니다. 하지만 모조의 양친인 부부 사이가 좋지 않은 듯한 장면이 암시되며, 나아가 아버지가 모조를 데리고 나갔을 때 아버지가 '메시지'가 있으니 아이스크림을 먹으며 기다리라고 아들에게 말하는 장면이 나옵니다. 일반적인 작품이라면 분명 아버지가 춤을 추러 간다고 핑계를 대고 바람을 피우고 있다는 추정이 성립할 테고, 물론 이런 해석을 바탕으로 공연도 할 수 있습니다. 하지만 문제는 이 작품이 1970년대의 벨파스트(북아일랜드의 주도―옮긴이)를 무대로 프로테스탄트와 가톨릭 주민 사이의 분쟁을 그린 작품이라는 점입니다. 모조는 프로테스탄트 가정의 아이입니다. 전체 전개를 살펴볼 때, 아버지는 프로테스탄트 계열의 민병 조직에 들어가 있으며, 바람 운운할 때가 아니라 암살이나 테러 같은 심각한 폭력 범죄와 관련되었을 가능성도 있습니다. 이 희곡의 시점 인물은 아이인 모조와 미키보이며, 둘 다 완전히 사정을 파악하지 못하고 있어 그야말로 '신뢰할 수 없는 화자'이기에 해석이 명확히 하나로 정리되지 않습니다. 하지만 분명 아버지가 거짓말을 하고 있다는 사실을 관객이 추측할 수 있도록 구성되어 있습니다.

이처럼 픽션에서는 화자나 등장인물이 거짓말하고 있지만, 우리에게 진짜 사실을 알려주지 않을 때가 있습니다. 왜 그런 성가신 짓을 하지? 픽션 내의 사실에 대해서는 직접 알려줘도 좋으련만……이라고 생각할지도 모르겠네요. 하지만 독자라는 탐정에게 도전해오는 이런 이야기는 수수께끼로 가득 차 있고 다양한 해석을 부릅니다. 그래서 오히려 사람을 매료하는 면도 있습니다. 이런 이야기는 우리의 읽는 힘을 믿기 때문에 도발하는 것이라고 생각해보세요. 픽션을 즐길 때 도발을 당한다면 그것에 응하는 것이 최선의 대책입니다.

: 우선 작가를 죽이자

어느 텍스트의 통일성은 텍스트의 기원이 아니라 목적지에 있다. (중략) 독자의 탄생은 저자의 죽음이라는 대가를 치러야 한다.

_ 롤랑 바르트, 「저자의 죽음」

1960년대에 프랑스의 비평가 롤랑 바르트가 제창한 '저자의 죽음'은 비평에서 매우 중요한 개념입니다. 무언가 불온해 보이는 말이지만, 간단히 풀이하면 픽션에서는 '이 작품에서 작가의 의도는 무엇인가'에 대해 신경 쓸 필요가 없다는 것입니다. 작가가 사라져야 독자의 자유로운 독해가 시작된다는 말이죠.

작가란 자신이 만든 텍스트에 권력을 미치고 해석을 통제하는 존재라고 생각하기 쉽지만, 그렇지 않습니다. 저는 대학 수업에서 무언가 하나의 작품을 골라 물음을 세워 분석해보라는 과제를 자주 냅니다. 그런데 이때 작가가 무엇을 전하려고 했는지 찾아보려는 학생이 생각보다 꽤 많습니다. 작가가 작품을 컨트롤하고 있다는 환상은 넓게 퍼져 있는 듯하지만, 냉정하게 생각하면 그렇지 않다는 사실을 알 수 있습니다.

우선 표현 기술의 퀄리티 문제가 있습니다. 예를 들어 형편없는 작품을 쓰려고 생각하며 집필하는 작가는 아무도 없지만, 졸작은 세상에 많습니다. 작가가 제아무리 자신은 형편없는 것을 쓸 생각이 없었다고 자기를 변호해도, 형편없는 작품이 작가의 의도에 의해 재미있어지지는 않습니다. 학교나 직장에서 좋은 리포트를 쓰려고 애썼지만 제대로 풀리지 않던 경험이 많을 것입니다. 예술작품을 만들 때도 그런 일이 흔합니다.

텍스트는 그것을 만든 시대의 사회에 뿌리내렸다는 점에도 주의해야 합니다. 작가가 의식하지 못했던 편견이나 사회적 배경 등이 반영되어 있으며, 그것을 읽어낼 수 있습니다. 일상생활에서 자신도 모르게 편견에 사로잡힌 발언을 해 다른 사람을 상처입히거나 반대로 아무 생각 없이 한 말이 상대방을 기쁘게 할 때도 있죠. 이런 사태는 발언한 사람의 의도와 관계없이 일어납니다.

종종 차별 발언을 비판받은 사람이 '차별할 의도가 없었다'라고 자기를 변호하기도 하지만, 차별 발언을 포함해 사회적으로 문제가 있다고 여겨지는 발언 대다수는 무의식중에 사람들이 가지고 있는 편견이나 잘못된 확신에 기인하며, 그

말을 꺼낸 사람이 의도하지 않은 상태를 불러일으킵니다. 픽션에서도 일상의 커뮤니케이션과 마찬가지로 작가의 무의식 영역에 존재하던 것이 드러날 때가 있습니다. 범인이 범행 현장에 자신도 모르게 단서를 남기는 것과 비슷합니다.

애초에 작가가 누구인지에 관한 문제도 있습니다. 작가가 한 명밖에 없다고 여겨지는 텍스트여도 의외로 그렇지 않은 경우가 있습니다. 예를 들어 학교의 리포트를 혼자 썼다고 하더라도, 지도를 담당한 선생이나 수업에서 함께 토론한 친구에게서 영향을 받을 수밖에 없으니까요. 작품의 경우, 대개 '작가'로서 사람들이 떠올리는 것은 소설가나 시인이므로, 집에 틀어박혀 글을 쓰는 고독한 천재 같은 인상이 떠오르는 경우가 많지 않나요? 하지만 상업적으로 간행되는 작품이라면 편집자가 그 작품에 관여하는 경우가 대부분입니다. 무대예술이라면 연출가나 배우, 스태프가 있으며, 할리우드 영화라면 스태프가 수백 명에 이릅니다. 물론 특정 극작가나 영화감독에 대해 배경을 조사하거나 여러 작품을 보면서 '작가의 성향'을 분석할 수는 있지만, 적어도 하나의 작품에 대해 창작에 관한 모든 권한을 가진 '작가'를 상정하는 것은 적절하지 않을 때가 많습니다.

오래된 작품이라면 작가가 명확하지 않거나 후세 사람의

손이 더해졌다고 여겨지는 텍스트도 존재합니다. 제가 평소 대학에서 가르치는 셰익스피어에 대해 흔히 '셰익스피어는 이 작품을 통해 무엇을 전하고자 했는가'라는 주제를 설정하는 학생이 많지만, 솔직히 이것은 적절하지 않습니다. 셰익스피어는 극단에 전속되어 있던 작가로, 리처드 버비지(Richard Burbage)라는 간판 배우를 비롯한 전속 배우들을 품고 있었습니다. 각각의 희곡에는 셰익스피어의 의향뿐만 아니라, 대스타를 비롯한 극단 멤버들의 사정이 연관되어 있으며, 공동 작업의 성과를 살려 작품이 만들어졌습니다. 나아가 셰익스피어의 시대는 극작가 사이에서 공동 집필을 하는 일이 성행했고, 나중에 다른 작가가 대본을 첨삭하는 일도 잦았습니다.

따라서 '작가는 무엇을 전하고자 했는가' 같은 물음을 세우면, 확정할 수 있는지조차 알 수 없는 '작가'를 고독한 천재로 보게 될 위험이 있습니다. 그보다는 '작품이 무엇을 표현하고 있는가' 같은 물음을 세울 때 분석이 훨씬 쉽습니다.

기본적으로 작품은 세상에 나온 순간 작가의 손을 떠났다고 생각하세요. 서로 다른 문화적 배경을 가진 다양한 독자가 작품을 수용하고 다른 해석을 만들어내는 점이 비평의 묘미입니다. 독자가 자유롭게 해석하면 족하며, 뛰어난 비평은 작가가 생각지도 못했을 법한 참신한 해석을 끌어내기도 합니다. 여러분의 손에 건네진 순간부터 텍스트는 여러분의 것입니다. 작가의 권한을 깨부숴야 합니다.

이렇게 작가를 죽이는 데 있어서 한 가지 주의할 점이 있습니다. 작품의 유형에 따라서 '작가'와 '화자'를 동일시해도 좋은지 여부가 달라진다는 점입니다. 픽션 철학 연구자인 기요즈카 구니히코(清塚邦彦)는 앞서 해설한 '믿는 체하기 게임'의 개념을 작가에도 응용하여, 픽션을 읽을 때는 작가도 '믿는 체하기 게임'의 무리에 들어와 있고, 독자는 '가공의 이야기에 접하는 가공의 경험'을 하게 되며, '이야기가 작가로부터 이탈하는 일이 벌어진다'고 지적합니다(『픽션의 철학(フィクションの哲学)』). 즉 기본적으로 픽션을 분석할 때는 작가와 이야기를 분리하여 생각하는 편이 좋다는 말입니다.

다만 이것은 일반적인 경우에 한한 이야기로, 한편으로는 완전히 그렇다고 단언할 수 없는 작품도 존재합니다. 문학 작품 중에서도 에세이, 일기, 기행문은 작가가 자신의 생각이나 체험을 쓴 것으로, 작가와 화자는 비교적 동일성이 높으며 화자에게 벌어진 일은 대개 작가에게 벌어진 일이라고 생각해도 좋습니다(여성 화자를 만들어 『도사 일기(土佐日記)』를 쓴 기노 쓰라유키(紀貫之)처럼 가끔 기교를 부린 자기 연출을 하는 작가도 있으니 방심은 금물이지요). 하지만 이것이 시나 이른바 사소설(私小說, 작가 자신의 체험이나 심경을 바탕으로 쓴 소설—옮긴이), 또한 뮤지션의 자작곡이라면 작가와 작품의 화자를 어느 정도로 동일시하면 좋을지 미묘해지기도 합니다.

예를 들어 테일러 스위프트(Taylor Swift)가 만든 노래는 모두가 테일러 스위프트의 인생과 관련되어 있다고 여겨지며, 본인도 자작곡에 꽤 개인적인 내용이 포함되었다는 점을 다양한 곳에서 인정했습니다. 반면에 데이비드 보위(David Bowie)는 개인적 사정도 노래하지만 특정 세계관을 설정해서 이야기를 빚어내는 것도 장점이므로, 자작곡을 부른다고 해서 노래의 화자나 주인공과 작사가를 동일시해서는 안 됩니다. 셰익스피어는 소네트를 많이 썼지만, 이것은 어느 정도가 개인적 체험에 기반한 것이고 어느 정도가 허구인지 알려지지지 않았습니다.

작품별로 뉘앙스가 다르므로 일률적으로 말할 수 없지만, 저는 꽤 개인적인 내용을 그린 것처럼 보이는 작품이라도 일단은 작가에 가깝지만 어느 정도 허구화된 존재로서의 '화자'라는 등장인물을 새롭게 설정합니다. 개인적 체험이라고 해도 예술가가 작품으로 승화할 때는 어느 정도 이야기로서 재구성이 일어날 터이므로, 시나 노래, 사소설 같은 작품의 화자는 작가에 가깝긴 해도 미묘하게 다른 캐릭터로 생각하는 편이 처리가 쉬운 경우가 많습니다.

: 작가는 죽이더라도 역사적 배경은 죽이지 말자

역사란 (중략) 제가 어떻게든 깨고 싶다고 생각하는 악몽입니다.
_ 제임스 조이스, 「율리시스」

앞 항목에서 '작가를 죽이자'라고 말했지만 사실 작가를
완전히 말살해버리면 좋지 않은 점도 있습니다. '작가의 의
도'를 신경 쓸 필요는 없지만, 한편으로는 텍스트가 생겨난
역사적 배경을 어느 정도 이해하지 않으면 말도 안 되는 해
석을 할 수 있습니다. 혹은 애초에 내용을 이해할 수 없게 될
때도 있고요. 텍스트라는 존재는 그 텍스트가 만들어진 문
화나 역사적 상황과 밀접한 관계를 맺는다는 점을 잊으면 안
됩니다. 대상이 되는 텍스트의 역사적 배경을 미리 이해해두
기란 쉬운 일이 아니며, 임시변통으로 해결되지 않는 수준의
공부가 필요합니다. 하지만 어찌 됐든 어떤 텍스트이건 간에
역사는 언제든 악몽처럼 따라붙습니다. 여기에서 도망칠 수
없습니다.

예를 들어 미국의 서던록 밴드인 레너드 스키너드(Lynyrd
Skynyrd)가 1974년에 발표한 곡 〈Sweet Home Alabama〉의

가사를 살펴봅시다. 기타 리프가 인상적인 곡이지만, 가사는 분명 역사적 배경을 모르면 전혀 이해할 수 없습니다. 갑자기 "난 닐 영이 기억했으면 좋겠어. 남부 사나이에겐 그가 전혀 필요 없다고(I hope Neil Young will remember. A Southern man don't need him around anyhow)"라거나 "버밍햄에서 사람들은 주지사를 좋아하지(In Birmingham they love the gov' nor)"처럼, 무언가 시사적 언급처럼 보여 설명이 없으면 이해가 어려운 내용이 등장합니다. 이것은 이 노래가 혁신적인 정치 운동을 지지하는 캐나다 뮤지션 닐 영이 미국 남부의 인종 차별이나 보수성을 비판해 만든 〈Southern Man〉(1970)이나 〈Alabama〉(1972) 같은 곡에 대한 답가로서 만들어졌기 때문입니다.

레너드 스키너드는 미국 남부의 밴드로, 노예제도나 인종 차별주의와 연결되기 쉬운 남부연합기(21세기에는 완전히 백인 지상주의자들의 상징이 되었습니다)를 스테이지에서 사용하는 등 물의를 일으키는 방식으로 남부에 대한 향토애를 공공연히 드러냈습니다. 가사에 나오는 주지사는 아파르트헤이트로 악명 높은 포퓰리스트 정치가 조지 월리스(George Wallace)입니다. 이 곡은 좀처럼 해석이 어렵습니다. "버밍햄에서 사람들은 주지사를 좋아하지"라는 가사 뒤에 "부! 부! 부!(boo, boo,

boo)"라는 야유인지 구호인지 알기 어려운 추임새가 들어가며, "지금 우리는 우리가 할 수 있는 것을 다 했어(Now we all did what we could do)"라는 가사가 이어집니다. 전체적으로 이 노래는 얼핏 심플한 듯 보이지만 독특한 리듬감이 필요한 리프에 이러한 애매한 가사가 얽혀서, 단순히 해석해도 좋을지 아니면 무언가 복잡한 감정이 있는지 알 수 없는 분위기를 보입니다. 이 가사를 조지 월리스에 대한 비판으로 해석할지, 단념으로 해석할지, 승인으로 해석할지는 청자에게 맡겨져 있지만, 적어도 이 주지사가 조지 월리스라는 점을 이해하지 않으면 논의조차 할 수 없습니다.

문예비평에서는 1980년대 무렵부터 텍스트를 그것이 만들어진 시대의 권력관계 속에서 해석하는 것을 중시하는 신역사주의 비평(New Historicism)이라는 움직임이 퍼졌습니다. 신역사주의 비평은 문학적 텍스트를 정치나 종교 등도 포함한 다른 텍스트와의 관계에서 이해하는 것을 중시합니다. 이 때문에 유명하지 않은 것도 포함하여 많은 텍스트를 읽어야 하므로 문턱이 높고, 전문가를 대상으로 한 코스입니다(예를 들어 제 전공은 셰익스피어지만, 박사 논문을 썼을 때는 18세기에 셰익스피어의 편찬 사업에 관여했던 완전히 무명인 사람들의 매장(埋葬)이나 결혼 같은 기사까지 조사할 필요가 있었습니다). 나아가 신역사주의 비평가들 사이에서도 이 개념을 처음 주창한 스티븐 그린블랫(Stephen Greenblatt)은 의외로 신역사주의 비평 특유의 특징을 갖추지 못하는 등(신역사주의 비평은 시대를 초월하는 문학적 가치에 그다지 관심을 드러내지 않지만, 스티븐 그린블랫은 가치를 만들어내는 재능이나 기교에 비교적 집착하는 비평가입니다), 다양한 수법의 차이가 있으며 좀처럼 파악하기 어려운 개념이라고 할 수 있습니다.

하지만 텍스트를 사회 배경 속에서 생각하는 방법은 현재 정독과 함께 비평 연구에서는 필수적 방법으로 여겨지고 있습니다. 정독만 할 뿐 사회 배경을 조사하지 않으면 제대로 의미를 알 수 없는 경우도 많으며, 한편으로는 정독 없이 사회 배경만 보면 결국 오해가 생겨 얄팍한 독해밖에 할 수 없게 되기도 합니다. 정독과 배경 조사는 비평에서 차의 양쪽 바퀴와 같습니다. 둘 다 중요하며 서로를 보충해주는 존재라고 생각하세요.

자, 여기까지는 정독이란 무엇인지, 정독을 하려면 해야 할 것과 해서는 안 될 것이 무엇인지 살펴보았습니다. 일단은 세세한 부분까지 제대로 주목해서 읽을 수 있도록 사전을 한 손에 들고 훈련하시면 됩니다. 다음 장에서는 정독을 통해 깨달은 다양한 정보를 바탕으로 어느 한 주제를 정해 일관성 있는 해석을 제시해나가는 방식을 알아보겠습니다. 이것은 정독의 연장이지만, 때로는 세부에서 벗어나 조금 더 전체적 면을 보거나 다른 작품과 비교하는 분석이 필요합니다.

2장

분석하기

비평의 비결 3

: 작품에는 반드시 친구가 있다

비평 이론이란?

: 거인의 어깨에 올라서자

> 제가 더 멀리 보았다면 이는 거인의 어깨 위에 올라서 있었기 때문입니다.
> _ 아이작 뉴턴이 로버트 후크에게 보낸 편지에서, 1675

'거인의 어깨 위에 올라서다'라는 표현은 사실 그 전부터 존재했지만, 그 말이 유명해진 것은 17세기의 과학자 아이작 뉴턴이 사용한 이후입니다. 지금은 구글의 과학논문 검색 시스템 Google Scholar의 모토로도 사용되고 있습니다. '거인'은 선행하는 사람들이 쌓은 업적을 가리키며, '어깨 위에 올라서다'는 그것을 근거로 삼는다는 말입니다. 과거의 축적을 참고하면 세상만사가 눈에 더 잘 들어오며 멀리 돌아가지 않고 빠르게 해결할 수 있다는 의미로, 지식이란 무엇인가에 관한 문제의 핵심을 꿰뚫는 표현입니다.

고대 그리스의 철학자 아리스토텔레스는 폭넓은 학식과

통찰력을 겸비한 연구자로, 온갖 학문의 조상이라고 불립니다. 현존하는 서양에서 가장 오래된 문예비평이라고 여겨지는『시학』도 아리스토텔레스의 작품입니다. 그런데 그런 아리스토텔레스는 장어가 알을 낳지 않고 독특한 방법으로 번식한다고 생각했습니다(『동물지』). 21세기를 사는 우리는 아리스토텔레스와 다르게 장어는 알을 낳는다는 사실을 알고 있습니다. 하지만 장어에 관해 더 정확한 지식을 가지고 있는가 물으면, 우리가 아리스토텔레스보다 슬기롭지는 않습니다. 솔직히 말해서 아리스토텔레스보다 재능이 뛰어난 학자는 많지 않을 테죠. 그렇게 월등히 똑똑한 아리스토텔레스가 쓴 작품에도 오류나 편견이 많습니다. 현대를 사는 우리는 아리스토텔레스라는 거인의 업적을 이용함으로써 그런 오류나 편견을 고쳐가며 앞으로 나아갈 수 있습니다.

실제로는 아리스토텔레스만큼 혼자서 많은 것을 이룩한 사람은 별로 없습니다. 과거의 많은 사람이 이룩한 것이 축적되어 '거인'을 만듭니다. 우리는 거인의 어깨 위에 설 수 있지만, 어깨로 올라가는 것부터가 사실 쉬운 일은 아닙니다. 어깨로 올라서는 방법이 잘못되면 모아둔 지식이 낡은 것이었거나, 거짓이었거나, 사용할 수 없을 때도 있습니다. 거인이라고 생각했지만 알고 보니 구멍이 숭숭 뚫린 그림자이기도 하다는 말입니다. 이것은 반드시 신경을 써야 하는 부분입니다.

'거인의 어깨 위에 올라서다'라는 것은 보통 지식에 관해 이야기할 때 사용되지만, 실은 작품을 분석할 때도 중요합니다. 혼자서 정독하는 것도 중요하지만, 그로부터 조금 더 읽기를 발전시키기 위해서는 작품에 관한 기본 정보와 앞서 나온 리뷰를 제대로 파악해두는 편이 절대적으로 유리합니다. 다른 사람이 쓴 글을 참고했을 때는 본문에 그 사실을 언급하면 됩니다. 거인의 어깨에 올라설 수 있을 때는 반드시 그렇게 합시다. 그로써 여러분도 아리스토텔레스를 뛰어넘을 기회를 얻게 됩니다.

거인의 어깨 위에 올라서는 방법의 하나로 비평 이론이 있습니다. 이것은 그 이름 그대로 읽고 비평하기 위한 이론입니다. 그런데 이것을 아는지 모르는지에 따라 작품을 읽을 때 차이가 생깁니다. 비평 이론을 모르더라도 정독에 특기가 있고 영감이 많다면 즐겁게 작품을 분석하고 재미있는 비평을 할 수 있을지도 모르지만, 저를 포함해 대부분 사람은 비평에 적합하게 태어나지 못했습니다. 작품을 재미있게 분석할 수 있게끔 거인의 어깨가 되어주는 것 중 하나가 바로 비평 이론입니다.

: 인피니티 워에서 이기는 법

닥터 스트레인지: 시간을 거슬러 발생 가능한 미래들을 보고 왔어.
스타로드: 몇 개를 봤는데?
닥터 스트레인지: 14,000,605개.
아이언맨: 우리가 이긴 미래는 몇 개였어?
닥터 스트레인지: 딱 하나.

_〈어벤져스: 인피니티 워〉, 2018

비평 이론을 극히 단순하게 말하자면 작품 독해라는 게임에서 승리하는 법을 찾는 전략을 정하는 이론이라 할 수 있습니다. 여기에서는 작품을 게임이라고 생각하고, 그것을 재미있게 분석하는 것이 목표라고 칩시다. 재미있는 분석을 제공하면 여러분의 승리입니다. 그런데 비평에 승리와 패배를 도입해도 될까라는 의문을 품는 분도 있겠죠. 여기에서 말하는 승리나 패배는 다른 사람보다 좋은 분석을 한다거나 작품의 결점을 발견하는 것과는 다릅니다. 여러분이 작품을 즐겁게 감상했다면 승리한 것이라 생각하세요. 축구나 장기에도 이기기 위한 전략이 있듯이 비평에도 전략이 있습니다. 이미 지금까지도 비평의 철학이라거나 픽션의 철학이라거나 신비평이라거나 신역사주의 비평과 같이 비평 이론에 관한 이야기가 여러 번 나왔습니다.

게임의 전략에는 플레이어별로 다양한 미학이나 철학이 있는 것과 마찬가지로, 비평 이론 또한 단순히 어떻게 하면 이길 수 있는지에 대한 차원 이상의 고집, 태도라 할 수 있습니다. 어떤 비평 이론을 어떻게 사용하는지에 따라 분석 스타일이 정해집니다. 처음에는 다양한 시행착오를 거치며 자신의 스타일을 찾아야 합니다.

또한 주의할 점이 있습니다. 모든 작품을 똑같은 비평 이론으로 바라볼 수는 없다는 점입니다. 축구든 장기든 모든 상대에게 같은 전략으로 이길 수는 없습니다. 비평도 마찬가지입니다. 작품에 따라서는 어느 한 종류가 아니라, 여러 이론을 조합하여 승부를 보는 편이 좋을 때도 있습니다. 이것은 자신의 특기 분야와 작품의 성질을 고려하여 결정해야 합니다.

이 항목의 첫머리에 인용한 마블 시네마틱스 유니버스(MCU)의 영화 〈어벤져스: 인피니티 워〉에서는 미래를 보는 힘을 가진 닥터 스트레인지가 여섯 개의 인피니티 스톤을 둘러싼 타노스와의 싸움(인피니티 워)에서 이길 가능성이 있는지 다양한 미래를 확인합니다. 승리나 생존의 확률을 계산하여 극히 낮은 확률을 찾는 장면은 이미 〈스타워즈〉의 최초 3부작에서 드로이드인 C-3PO가 자주 보여주던 단골 패턴입니다. 〈스타 워즈 에피소드 5: 제국의 역습〉(1980)에서는 밀레니엄 팰콘 호가 소행성대에 들어가서 생환할 수 있는 확률이 3720분의 1이라고 C-3PO가 말했습니다. 즉 SF 대작 영화 팬들에게는 익숙한 장치입니다.

닥터 스트레인지는 미래를 확인한 결과, 14,000,605개나 되는 가능성이 있다고 말합니다. 분명 하나의 작품을 독해하는 방법에도 이 정도의 수는 있을 테고, 아마도 MCU가 처음 시작됐을 때 MCU에게도 그 정도 수의 미래가 있었을지 모릅니다. 하지만 2008년에 MCU가 시작됐을 때는 어벤져스 시리즈가 열 작품 이상 계속되는 거대 시리즈가 되어 차례로 흥행 기록을 경신하고 할리우드 역사상 가장 성공한 프로젝트 중 하나가 될 것이라고 모두가 생각하지는 않았을 테죠. MCU는 14,000,605개의 미래 중에서 몇 개 없는 승리의 길을 선택했다고 할 수 있습니다. 그런 점에서는 이 닥터 스트레인지의 대사는 영화 내용에 관한 것이기도 하지만, 오랜 시간에 걸쳐 이 시리즈를 좋아한 팬에게는 MCU가 기적적으로 성공했다는 점을 상기시키기도 합니다.

우리에게 기쁜 소식은 인피니티 워나 MCU의 마케팅 전략과는 다르게, 비평에서는 독자가 이기는 방식이 단 하나가 아니라는 점입니다. 혹여 이기는 방법이 14,000,605개 정도 있을지도 모릅니다. 하지만 문제는 어느 작품을 마주했을 때 독자로서의 자신에게 딱 맞는 승리법은 그렇게 많지 않고, 해봐야 한두 개 정도라는 점입니다. 그런 점에서는 독자는 인피니티 워를 플레이하고 있다고 봐야겠네요.

앞서 저는 〈어벤져스: 인피니티 워〉에서 닥터 스트레인지가 많은 미래 중에서 아군이 승리하는 분기가 하나밖에 없다고 말한 것은 MCU의 기적적 성공을 상기시킨다라는 '비평'을 했습니다. 이것은 '전기적(傳記的)' 비평의 변형이라고 할 수 있습니다. 전기적 비평은 매우 오래전부터 존재하는 독해법으로, 작품을 작가의 인생 등과 연결 짓습니다. MCU 작품 속 대사에 MCU 시리즈 자체의 어려웠던 내력을 상상하게 하는 내용이 담겨 있다는 비평은, 영화 제작팀이 자연스레 그것을 작품에 담았다는 사실을 은근히 내비치고 있다는 점에서 전기적 비평에 가깝습니다. 하지만 1장에서 말한 것처럼, 작품을 작가의 인생 경험에만 환원하는 전기적 비평은 낡은 방식이라며 비판받는 일이 잦으며, 신비평에 의해 이러한 경향이 바뀌게 되었습니다. 저는 여기에서는 제 비평이 그다지 낡아 보이지 않도록 '제작팀의 심정이 반영되어 있다'라는 식의 말투는 가능하면 쓰지 않고자 했으며, 팬이 그런 점을 제멋대로 떠올리며 감개무량함을 느끼고 만다라는 식의 방향성으로 유도하고 있습니다. 게임이 너무 뻔히 드러나 보이지 않도록, 저는 여러분에게 전략을 숨기고자 했습니다.

: 사회가 정한 조건

하지만 넌 그저 사회가 정한 조건을 그대로 따를 뿐이잖아.
_ 매클모어(Macklemore), 〈Contradiction〉, 2005

이미 1장에서 간략히 말했지만, 신비평은 영어권의 현대적인 비평 이론의 시작을 고하는 것이었습니다. 물론 문예비평은 예부터 세상에 존재했습니다. 서양에서는 아리스토텔레스나 플라톤이 활약하던 고대 그리스 때부터 있었으며, 동양에서도 그다지 시대를 확실히 고정할 수는 없지만 바라타(भरत)가 썼다고 여겨지는 인도의 연극론『나티야샤스트라(Nāṭyaśāstra)』나 중국의 조비(曹丕)가 3세기에 쓴『전론(典論)』같은 다양한 고전 저술이 있습니다. 일본에서도 8세기에 와카(和歌)를 논한 책『가쿄효시키(歌経標式)』나 12세기 말부터 13세기 초에 여성이 썼다고 여겨지는 이야기론『무묘조시(無名草子)』등의 비평서가 있습니다. 또한 19세기 영국에서 활동했던 월터 페이터(Walter Pater)나 오스카 와일드는 이미 꽤 근대적인 비평가였다고 말할 수 있겠죠.

하지만 이른바 현대적인 '비평 이론'은 신비평 이후의 것을 지칭하는 경우가 많으며, 비평 이론 교과서 가운데 많은 수가 여기부터 시작합니다. 그 후, 러시아 형식주의(Russian fomalism)나 탈구축(déconstruction), 신역사주의 비평 같은 다양한 비평 이론이 나옵니다(이 책은 비평 이론의 교과서가 아니므로 이러한 내용을 자세히 알고 싶으신 분은 권말의 추천 도서를 살펴보세요). 제가 평소 제 비평 연구에서 자주 사용하며, 또한 학생에게도 독본으로서 가르치는 것은 1970년대 무렵부터 활발히 행해진 포스트식민주의(postcolonialism) 비평이나 페미니스트 비평, 또한 1980년대 정도부터 행해진 퀴어 비평 등입니다.

이 항목의 첫 부분에서 래퍼 매클모어의 노래 가사를 인용했는데, 기본적으로 이런 포스트식민주의 비평이나 페미니스트 비평, 퀴어 비평, 또한 신역사주의 비평은 '사회가 정한 조건(society's conditioning)'에 민감한 분석을 하기 위한 비평 전략입니다. 이 노래는 화자인 래퍼가 라이브 공연에서 여성을 약간 깎아내린 것에 대해 여성 팬에게 비판을 받은 체험을 노래한 곡입니다. 화자는 무언가 한마디를 하고 싶다는 팬에게 '피드백이나 비판은 대환영'이라고 반응하지만, 이 팬은 평소에는 정열적이고 정치적으로 날카로운 이 노래의 화자가 오늘은 '사회가 정한 조건'을 따르고 있을 뿐이라고 비판합니다. 즉 래퍼는 자신 스스로를 멋지다고 생각하며 행동하고 있을지도 모르지만, 실은 세간에서 심어진 편견을 타성에 젖어 재생산하는 랩을 하고 있을 뿐이라는 코멘트입니다. 이것을 무척이나 진지하게 받아들인 화자 래퍼는 자신은 모순덩어리에다 편견으로 가득 찬 사람이라고 생각합니다.

기본적으로 포스트식민주의 비평은 서양제국주의, 페미니스트 비평은 성차별, 퀴어 비평은 성적 일탈과 그 금지에 주목하여 읽기의 대상이 되는 작품이 '사회가 정한 조건'과 어떻게 마주하고 있는지 생각합니다. 노래 〈Contradiction〉에 나오는 여성 팬이 행한 것은 페미니스트 비평의 일종이라고 할 수 있겠네요. 이러한 비평 전략을 사용할 때는 '당신은 멋지다고 생각할지도 모르지만, 그건 그냥 사회 순응적일 뿐이야'라는 태도가 중요합니다.

포스트식민주의 비평의 기념비적 저술이라 할 수 있는 것은 팔레스타인에서 태어나서 미국에서 연구한 에드워드 사이드가 1978년에 간행한 『오리엔탈리즘』입니다. 이 저술에서는 서양이 어떻게 식민지화나 착취의 대상으로서 '오리엔트'를 타자화했으며, 그 주체성을 빼앗고 스테레오타입에 몰아넣었는지를 논하고 있습니다. 에드워드 사이드는 『문화와 제국주의』(1993)에서 제국주의와 정치를 주제로 한 소설로는 보이지 않는 제인 오스틴의 『맨스필드 파크』(1814)에 숨어 있는 식민지주의의 영향을 지적하는 등 얼핏 보기에는 쉽게 발견되지 않는 '사회가 정한 조건'을 들추어냄으로써 독자에게 새로운 풍경을 빚어내는 분석이 특기였습니다.

페미니스트적 비평으로서는 이미 버지니아 울프의 『자기만의 방』(1929)이나 시몬 드 보부아르의 『제2의 성』(1949) 등의 선구자 격인 업적이 있었지만, 활발히 이루어진 것은 1970년에 케이트 밀렛(Kate Millett)이 후에 래디컬 페미니즘의 고전이 된 『성 정치학』을 간행한 이후입니다. 케이트 밀렛은 주로 남성 작가의 성차별적 묘사를 비판했지만, 1979년에는 산드라 길버트와 수전 구바가 『다락방의 미친 여자』를 간행하여 여성 작가인 브론테 자매를 페미니즘의 시점으로 논했습니다. 페미니스트 비평은 지금까지의 문예비평이 보편적 '인간'에 대한 것인 양 행동했음에도 불구하고, 실은 이 '인간'이라는 것은 기본적으로 남성이며 문예 작품 속의 온갖 장면에 남성을 표준으로 간주하고 여성을 무시하거나 멸시하는 사회의 구조가 숨겨져 있다는 점을 지적했습니다. 초기 페미니스트 비평은 백인 중산층 여성을 중심으로 이루어진 면도 있지만, 후에 포스트식민주의 비평 등과 결합하여 여성 사이에서도 계급이나 인종 등에 따른 분단이 있다는 점을 보다 의식하게 되었습니다.

퀴어 비평은 페미니스트 비평의 이웃 분야라고 할 수 있습니다. 퀴어(queer)란 애초에 '변태의'라는 의미로 네거티브하게 사용되는 단어였지만, 그런 단어로 낙인찍혀 왔던 당사자들이 이러한 모멸을 역이용하여 세간에서 '정상'이라고 여기는 섹슈얼리티에 포괄되지 않는 것을 '퀴어'라고 부르게 되었습니다. '퀴어'란 성적 면에서 무언가의 일탈이 있다는 점을 가리킵니다. 이러한 섹슈얼리티 측면에서 '평범'에서 벗어남을 주제로 문예 작품을 독해하는 것이 퀴어 비평입니다. 1985년에 이브 세지윅(Eve Kosofsky Sedgwick)이 간행한 『남성의 유대(Between Men)』가 퀴어 비평에서 최초로 영향력을 갖춘 저술입니다.

: 얼핏 간단해 보여도……

> 『다락방의 미친 여자』의 눈부시고, 많은 면에서 급진적인 학술적 규범으로의 진입은, 또한 전통적인 문학적 틀 안에서 '정독'의 우월성을 재확인했다.
> _ 수전 S. 랜서, 「페미니스트 문학 비평(Feminist Literary Criticism)」

포스트식민주의 비평, 페미니스트 비평, 퀴어 비평은 꽤 인기 있는 분야입니다. 제 수업에서는 매년 이 세 가지 유형의 비평 전략으로 졸업 논문을 쓰는 학생이 많습니다. 가르치는 쪽으로서의 의견이지만, 여기에는 긍정적 이유와 부정적 이유가 있어 보입니다.

긍정적 이유로서는 이러한 독해 전략이 작품의 독자가 자신도 모르게 느끼고 있는 삶의 괴로움을 언어화하는 수단을 부여해준다는 점을 꼽을 수 있습니다. 이러한 분석 전략을 사용하면 자신이 작품을 접함으로써 마음이 해방되었다고 생각한 체험이나, 반대로 완전히 와닿지 않은 체험에 대해 왜 그런 일이 벌어졌는지 명확히 언어화할 수 있습니다. 지금까지 보이지 않던 '사회가 정한 조건'이 보이게 되며, 그것과 싸우는 방식도 조금씩 알 수 있게 됩니다. 독해 전략이 인생 전략에 영향을 끼치는 것이죠.

부정적 이유로는 다른 비평 이론과 비교하면 어쩐지 쉬워 보이기 때문이라는 오해를 꼽을 수 있습니다. 이러한 유형의 비평 이론을 사용한 분석을 읽으면, 그렇게까지 어려운 철학적 논의가 아니라 얼핏 간단해 보이는 방식으로 갑자기 작품이 재미있어진 듯한 착각에 빠질 수 있습니다(개중에는 신물이 날 정도로 난해한 철학적 비평도 있지만요).

난해한 철학서를 마주하는 것부터 시작하지 않으면 안 되는 탈구축계 비평과 비교하면 분명 그 시작이 쉽고, 책을

많이 읽지 않고도 곧장 필드로 나가 실천할 수 있으므로 처음부터 많은 공부를 하지 않아도 괜찮기는 합니다. 하지만 포스트식민주의 비평, 페미니스트 비평, 퀴어 비평이 다른 비평보다 상대적으로 쉽다는 점은 분명하다고 해도, 그 자체가 간단하다는 생각은 큰 오해입니다. 어떤 비평이든 마찬가지지만, 이러한 비평은 얼핏 간단해 보이지만 실은 치밀한 정독을 요구합니다. 닛타 게이코(新田啓子)는 『현대 비평 이론의 모든 것(現代批評理論のすべて)』에서 케이트 밀렛 등 초기 북미의 페미니스트 비평은 기본적으로 '정독을 통한 구조에의 개입'이며, 신비평의 훈련을 견뎌낸 독자에 의해 만들어졌다는 점을 지적합니다.

이러한 비평 이론은 얼핏 봐서는 확실히 드러나지 않는 편견이나 고정관념 등 작품의 틈에 있는 것을 읽어내는 기술이 필수이며, 다양한 작품을 읽지 않으면 천편일률적인 지적만으로 끝나고 맙니다. 만약 여러분이 삶의 괴로움을 품고 있다면 무척이나 추천하지만, 재미있어 보인다는 이유만으로 가벼운 마음으로 손을 대는 것은 삼가는 것이 좋습니다.

한편 이러한 유형의 비평 이론을 사용할 때 발생할 수 있는 부정적인 효과가 있습니다. 어느 작품에 숨겨진 차별이 있다거나 남성중심주의나 백인중심주의가 있다는 사실을 지적하면, 갑자기 화를 내는 사람이 있다는 점입니다. 모두가 매클모어의 노래 화자처럼 솔직하고 반성적인 태도를 보이면 좋겠지만, '사회가 정한 조건'을 폭로하면 싫어하는 사람이 꽤 많습니다. 이러한 부분에 대한 대처법에 대해서는 3장에서 보다 자세히 논하겠지만, 만약 여러분의 분석에 제대로 된 근거가 있다면 화내는 사람에게 굳이 신경 쓰지 마세요. 비판을 받았을 때는 매클모어의 화자 같은 태도가 좋지만, 자신이 무언가를 주장할 때는 무하마드 알리처럼 되는 것도 필요합니다.

02

타임라인을
만들어본다

: 데릭 하트필드 작전

> 소설이란 정보인 이상 그래프나 연표로 표현할 수 있어야만 한다는 것이
> 그의 지론이었으며, 그 정확함은 양에 비례한다고 그는 생각했기 때문이다.
> _ 무라카미 하루키, 『바람의 노래를 들어라』

그럼 지금부터는 작품을 분석할 때 어떤 식으로 머리와 손을 움직이면 좋을지 몇 가지 힌트를 제공합니다. 위의 인용은 무라카미 하루키가 작중에서 꾸며낸 데릭 하트필드라는 작가의 소설 미학입니다. 이것이 무라카미 하루키 자신의 소설 미학이 아니라는 점은 이미 화자와 작가의 차이를 이해하고 있을 여러분은 알고 계시겠죠. 그래프나 연표로 표현하기 어려운 소설도 많으며, 그중에도 재미있는 작품이 있습니다. 하지만 복잡한 이야기를 타임라인이나 그림으로 만들어보는 하트필드 작전은 작품 이해에 꽤 큰 도움을 줍니다.

이것이 특히 효력을 발휘하는 것은 무척이나 짧은 타임라인의 작품, 무척이나 긴 타임라인의 작품, 그리고 시간의 흐름이 직선적이지 않은 작품입니다. 단기간에 허둥지둥 많은 일이 벌어지는 롤러코스터 같은 이야기는 타임라인을 만들면 어느 정도로 급전개가 벌어지는지 파악할 수 있습니다. 셰익스피어의 연애물 중에는 무척이나 빠르게 전개되는 것이 있기에 이 방식이 꽤 효과적입니다. 한편 대하드라마 같은 빅토리아 시대의 리얼리즘 소설은 언제 무슨 일이 벌어졌는지 역사와 관련지을 수 있으므로 연표가 효력을 발휘합니다. 나아가 시간 흐름이 과거에서 미래로 일직선으로 나아가지 않는 작품은 애초에 정리하지 않으면 제대로 이해할 수 없게 되기도 합니다.

그렇다면 우선 짧은 시간 내에 벌어지는 이야기로 연습해봅시다. 본문 90쪽에 있는 [도표 1]을 봐주세요. 셰익스피어의 연애 희곡 『한여름 밤의 꿈』에서는 제1막 제1장 7행에서 아테네의 영주 테세우스와 약혼한 아마존의 여왕 히폴리타가 자신들의 결혼식까지 앞으로 4일 남았다고 말합니다(그런데 세어보면 아무리 봐도 3일밖에 없습니다). 이후 아테네의 젊은 연인인 허미아와 라이샌더가 테세우스와 히폴리타를 면회한 후, 156행 부근부터 사랑의 도피에 관한 상담을 시작합니다.

:: **도표 1. 『한여름 밤의 꿈』 타임라인** ::

다음 날 밤에 숲에서 만나서 아테네 밖으로 도망치고자 약속한 두 사람은 다음 날 밤 이 도피를 결행하지만, 연적 드미트리우스와 그를 사모하는 헬레나가 쫓아오기도 하고 숲속에서 요정의 마법에 걸리기도 하면서 사랑의 도피는 대혼란에 빠집니다. 숲에서의 혼란스러운 하룻밤이 지나간 후, 히폴리타와 테세우스, 허미아와 라이샌더, 헬레나와 드미트리우스의 세 커플이 그날 밤에 결혼식을 올리게 됩니다.

이런 식으로 이 이야기는 시작하고 끝나기까지 3일 정도밖에 되지 않습니다. 히폴리테가 왜 4일이라고 했는지가 수수께끼로, 혹시 서두 장면을 1일 차로 하면 결혼식이 끝나고 동침을 마친 다음 날 아침을 기준으로 4일로 볼 수 있을지도 모르겠네요. 어느 쪽이든 꽤 빠른 속도로 이야기가 전개된다는 점을 알 수 있습니다.

셰익스피어의 희곡 중『로미오와 줄리엣』도 엄청난 속도로 전개됩니다. [도표 2]를 보면, 로미오와 줄리엣은 일요일 저녁에 처음 만나서 월요일에 결혼한 후, 목요일에는 불행한 엇갈림 때문에 두 사람이 자살하는 사태가 벌어집니다. 극장에서 연극을 볼 때는 그다지 신경 쓰이지 않지만, 냉정히 생각해보면 전개가 너무 빠릅니다.

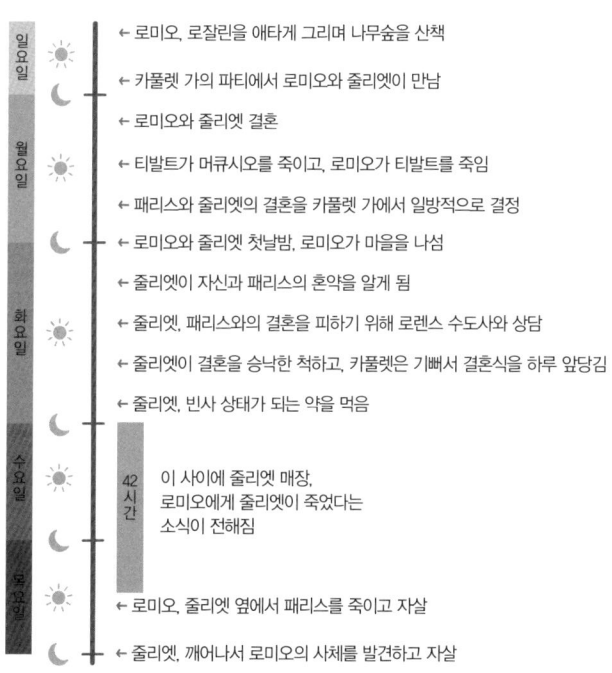

일요일
← 로미오, 로잘린을 애타게 그리며 나무숲을 산책
← 카풀렛 가의 파티에서 로미오와 줄리엣이 만남

월요일
← 로미오와 줄리엣 결혼
← 티발트가 머큐시오를 죽이고, 로미오가 티발트를 죽임
← 패리스와 줄리엣의 결혼을 카풀렛 가에서 일방적으로 결정
← 로미오와 줄리엣 첫날밤, 로미오가 마을을 나섬

화요일
← 줄리엣이 자신과 패리스의 혼약을 알게 됨
← 줄리엣, 패리스와의 결혼을 피하기 위해 로렌스 수도사와 상담
← 줄리엣이 결혼을 승낙한 척하고, 카풀렛은 기뻐서 결혼식을 하루 앞당김
← 줄리엣, 빈사 상태가 되는 약을 먹음

수요일
42시간 이 사이에 줄리엣 매장, 로미오에게 줄리엣이 죽었다는 소식이 전해짐

목요일
← 로미오, 줄리엣 옆에서 패리스를 죽이고 자살
← 줄리엣, 깨어나서 로미오의 사체를 발견하고 자살

∷ 도표 2.『로미오와 줄리엣』타임라인 ∷

이 두 작품은 모두 1590년대 중반 무렵에 발표됐다고 여겨지는 연애 작품입니다. 이런 점을 보면 아무래도 셰익스피어의 초기 연애 작품은 생각보다 스피드 승부였다는 사실을 알 수 있습니다. 이로부터 10여 년 후에 셰익스피어가 쓴 로맨스극 『겨울 이야기』는 제3막과 제4막 사이에 16년이 경과하는 굉장히 긴 시간 범주의 이야기지만, 이렇게 공을 들인 후기 작품과 비교하면 앞서 예로 든 두 작품은 어느 쪽이건 엄청난 템포로 전개됩니다. 초기 셰익스피어 희곡의 젊은 연인들은 찬찬히 생각하지 않고 사랑의 정열과 충동에 휘말려서 움직이며, 사소한 일로 폭발적으로 질투하며 연인에게 배신당했다고 믿고 날뜁니다. 우왕좌왕하는 사이에 이야기가 끝나고, 앞서 말한 히폴리타의 '4일' 발언처럼 때때로 시간상으로 앞뒤가 맞지 않는 장면이 나오기도 합니다. 하지만 무대를 통해 작품을 보는 관객 대부분은 모순을 깨닫지 못합니다.

: 괴물을 길들이다

우연과 자의라는 기묘한 요소를 가진, 이렇게 크고 느슨하고 헐렁한 괴물들은
예술적으로 무엇을 의미할까요?

_ 헨리 제임스(Henry James), 『비극의 뮤즈(The Tragic Muse)』

위의 인용은 스스로도 장편소설을 쓰는 작가였던 헨리
제임스가 19세기에 유행하던 장대한 소설에 대해 남긴 평입
니다. '크고 느슨하고 헐렁한 괴물들'이라고 그가 지칭한 것은
톨스토이의 『전쟁과 평화』 같은 대작을 말합니다. 이렇게 긴
시간에 다양한 일이 벌어지는 괴물 같은 대작을 길들일 때
도 타임라인을 만드는 것이 유효합니다.

우선 '몇 년 몇 월'이라거나 '2주 후'처럼 시간에 대한 기
록이 있는 부분, 혹은 '날씨가 좋은 여름날이기에 산책에 나
섰다', '벚꽃이 만개했다' 같은 계절에 대한 기록이 있는 부분
에 체크하여 그것을 길잡이로 커다란 사건을 파악합니다.

이에 대해서는 조지 엘리엇의 대작소설 『미들마치』(1871~
1872)를 사용해 연습해봅시다. 기간 면에서는 3년 정도의 이야
기로 그렇게 길지는 않지만, 지방도시 미들마치를 무대로 상
류 계급의 도로시아, 그녀의 첫 남편인 목사 커소번, 그 친척
인 폴란드계의 레이디슬로, 마을 의사인 리드게이트와 아내

로저먼드, 부자인 페더스톤 등 많은 인물이 등장하는 이야기입니다. 이런 이야기의 경우, 언제 무슨 일이 벌어졌는지 정리해두면 독해에 큰 도움이 됩니다. 이에 관해 영국의 소설 연구 대가인 존 서덜랜드(John Sutherland)가 알기 쉽게 도표를 만들어둔 것이 있기에 '거인의 어깨 위에 올라서서' 그것을 살펴봅시다.

> *1829년 초여름 도로시아와 커소번이 만나다*
>
> *1829년 9월 도로시아와 커소번 결혼*
>
> *1829년 크리스마스 도로시아와 커소번이 로마 체류*
>
> *1830년 5월 피터 페더스톤 사망*
>
> *1830년 7~8월 리드게이트와 로저먼드 결혼*
>
> *1831년 3월 커소번 사망*
>
> *1832년 3월 래플스 사망*
>
> *1832년 5월 윌과 도로시아 결혼*
>
> *1832년 6월 선거법 개정 법안*
>
> _ 존 서덜랜드 「히스클리프는 살인범인가?(Is Heathcliff a Murderer?)」

이 연표의 포인트는 마지막에 '선거법 개정 법안'이 나온다는 점입니다. 『미들마치』는 현실의 역사에 바탕을 둔 리얼한 소설로, 도로시아의 삼촌 브룩 씨나 레이디슬로는 선거 개혁에 관여하고 있으며 작중에 후보자 선택을 둘러싼 분쟁도 등장합니다. 최신 작품에서도 예를 들어 TV 드라마인 〈다운튼 애비〉는 1912년 봄에 타이타닉호가 침몰했다는 뉴스로부터 시작합니다. 『미들마치』나 〈다운튼 애비〉처럼 현실의 역사적 사건을 도입한 작품은 작중의 사건과 역사를 연결하는 연표를 만듦으로써 시대 배경을 파악하면서 이야기를 좇을 수 있습니다.

여기에서 존 서덜랜드가 만든 연표를 꺼낸 이유 중 하나는 '거인의 어깨 위에 올라서는' 예시를 들기 위해서였습니다. 연표를 만드는 것은 커다란 사건의 순서나 시기를 확인하기 위해서이지, 연표 작성 자체가 목적은 아닙니다. 이미 누군가가 만든 연표 중에 잘 만들어진 것이 있으면 그것을 바탕으로 자신이 필요하다고 생각하는 정보를 더하는 것으로 충분합니다.

또한 일단 이 정도로 심플한 연표를 만들면 충분하다고 말하고 싶기도 했습니다. 『미들마치』에서는 그 밖에도 다양한 사건이 벌어지지만, 존 서덜랜드의 연표는 주요 캐릭터의 만남, 결혼, 죽음이라는 커다란 플롯상의 전환점에 전체의 주제와 관련된 역사적 사건인 선거법 개정 법안을 더한 것뿐입니다. 우선 존 서덜랜드가 체크한 결혼이나 사망과 같은 중요 정보를 파악하고, 필요하다면 그곳에 자신이 주목하는 다른 사건을 더해나가는 방식으로 타임라인을 이해해도 문제없습니다. 처음부터 모든 장면을 타임라인으로 만드는 것은 무척이나 어려우므로, 우선 플롯상 중요해 보이는 사건을 정리합시다.

한편 타임라인으로 만들면 모순이 발생하는 소설도 있습니다. 같은 빅토리아 시대의 소설가 중에서도 찰스 디킨스는 비교적 시간의 경과가 조잡합니다. 이에 대해 존 서덜랜드는 "이야기의 현재 분위기나 연극적인 필요가 있다면, 각 구성요소에게 무엇이든 하게 만드는 그의 셰익스피어적 자신감"(『히스클리프는 살인범인가?』)이라고 말합니다. 제대로 연표를 만들 수 없다는 점도 실은 중요한 정보입니다. 찰스 디킨스는 하트필드의 기준에서 보면 괘씸한 작가일지도 모르지만 마음을 두근거리게 하는 전개나 유머로 독자를 끌어들이기에, 잘 생각해보면 시간 경과가 이상하더라도 읽는 도중에는 그다지 깨닫지 못합니다. 조지 엘리엇 같은 치밀한 작가와 셰익스피어나 찰스 디킨스처럼 분위기로 관객이나 독자를 끌어들이는 작가 사이에는 작풍의 차이가 있습니다. 타임라인으로 만들어봄으로써 그런 부분까지 포함하여 다양한 분석을 할 수 있습니다.

: 타임 워프에 주의하자

Let's do the Time Warp again

_ 뮤지컬 〈록키 호러 쇼〉의 〈Time Warp〉 가사에서

가장 성가신 것은 시간의 흐름이 직선적이 아닌 작품입니다. 영화나 문학에서는 화자의 기준 시점보다 과거의 사건으로 장면이 날아가는 것을 '플래시백', 기준 시점 이후의 미래로 장면이 날아가는 것을 '플래시 포워드'라고 합니다. 플래시백이나 플래시 포워드를 구사하여 시간의 흐름을 흐트러뜨리는 것은 특히 20세기 후반 이후의 포스트모더니즘 문학이나 영화에서 자주 이용되었습니다. 나아가 작중의 시간축이 한 종류가 아닌 작품도 있으며, 타임라인이 하나로는 부족한 작품도 있습니다.

시간의 흐름이 직선적이 아닌 작품을 만드는 유명한 창작자로는 영화감독 쿠엔틴 타란티노와 크리스토퍼 놀란을 들 수 있습니다. 다만 여기에서는 보다 간단한 SF적 타임 워프(시간 왜곡)가 나오는 예로서 영국의 어린이 대상 SF 드라마 〈닥터 후〉 시즌 2 4화 '벽난로 속의 여인'(2006)을 다루어볼까

합니다.

이 작품에는 기본적으로 두 개의 타임라인이 있으며, 51세기의 우주 공간에서 하루가 지나는 사이에 18세기의 파리에서는 36년이 흐릅니다. 기본적인 이야기는 주인공인 닥터 일행이 51세기에 무인 우주선을 발견하며, 그곳에 사는 로봇들이 시공의 창(窓)을 이용해 18세기의 파리에 사는 유명한 역사적 인물인 르넷 프와송, 별칭 마담 드 퐁파두르 부인을 공격하려는 것을 발견하고 그 살해를 저지한다는 내용입니다. 시간상 직선적으로 흐르지 않는 부분은 두 번뿐이지만, 각각 의미가 다릅니다.

서두는 근대 유럽에서 귀부인이 닥터에게 도움을 구하는 장면에서 시작하지만, 곧바로 이야기는 51세기가 되며 닥터 일행이 방치된 우주선에 올라타는 장면으로 전환됩니다. 우주선에 있는 닥터와 동료들이 51세기와 18세기의 프랑스를 오가는 와중에 처음에 나온 귀부인은 르넷, 곧 퐁파두르 부인이며, 그녀가 도움을 구하는 장면은 종반의 클라이맥스인 1758년의 습격이라는 사실을 알게 됩니다. 즉 복잡하게도 첫 장면은 시대적으로는 51세기보다 앞인 1758년이지만, 이야기상에서는 전개를 건너뛴 부분이므로 플래시 포워드였습니다. 또한 1758년의 습격 시점에서 퐁파두르 부인이 한순간 어린아이였을 무렵 로봇을 만난 경험을 떠올리는 장면이 나오는데, 이곳은 플래시백입니다. 이 시간의 흐름을 그림으로 만든 것이 [도표 3]으로, 시간은 왼쪽에서 오른쪽으로 흐르고, 숫자는 이야기 속에 장면이 나오는 순서를 가리키고 있습니다.

확인해보면 18세기의 타임라인은 대부분 역사적 사건을 따르고 있고, 닥터와의 만남이나 로봇 습격 외에는 퐁파두르 부인의 생애가 재현됩니다. 퐁파두르 부인은 역사적 사실에 따라 일곱 살의 소녀에서 어른이 되며, 역사적 사실과는 다르게 닥터와 사랑에 빠지지만 닥터가 하루를 보내는 사이에 36년이 흘러 퐁파두르 부인은 죽게 됩니다. 시간이 다르게

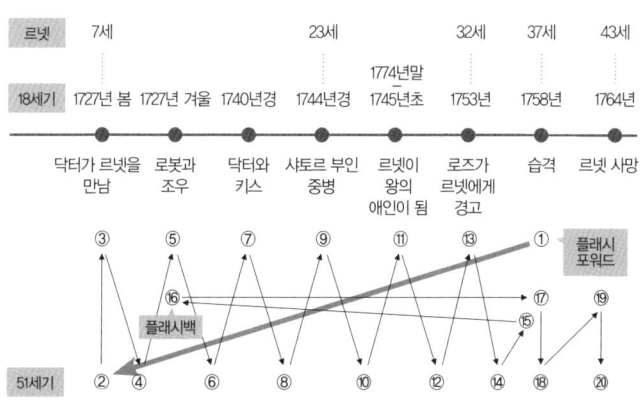

:: 도표 3. 〈닥터 후〉 '벽난로 속의 여인' 타임라인 ::

흐르는 여러 시간축이 존재함으로써 시간에 의해 찢겨 나가는 연인들의 비극적인 로맨스가 두드러집니다. 플래시 포워드와 플래시백은 각 한 번씩 사용되었으며, 전자는 앞으로 엄청난 일이 벌어진다는 점을 시청자가 예측하게 하여 드라마에 끌어들이는 효과, 후자는 퐁파두르 부인의 인생이 어린 아이 무렵부터 로봇에 습격당하는 공포에 사로잡혀 있었다는 점을 시사하는 효과가 있습니다. 타임라인으로 만들어 분석함으로써 역사적 배경이나 시간의 흐름이 흐트러진 부분이 어떤 효과를 내는지 생각해볼 수 있습니다.

03

일단 그림으로
그려본다

: 인물관계도를 만들어본다

『미들마치』의 등장인물을 생각함에 있어서 19세기 초의 영국 마을에 사는
사람들의 공동체로서 그들을 바라보는 것보다는 파푸아뉴기니의 한 부족,
즉 복잡한 혈연관계와 혼인관계에 의해 맺어진 사람들로 바라보는 편이 더욱
도움이 된다. 이와 같은 유대의 매듭을 풀어내기 위해서는 문예비평가로서의
재능보다는 인류학자와 같은 능력이 필요하다.

_ 존 서덜랜드, 『히스클리프는 살인범인가?』

우선 이 인용문에 포스트식민주의 비평 느낌으로 딴죽
을 걸어봅시다. 갑자기 파푸아뉴기니를 예로 든 것은 영국
마을이 문화인류학의 대상이 되지 않는 듯한 말투로, 어쩐지
조금 편견에 빠진 것 같지 않나요? 이 문장의 이면에는 문화
인류학적 조사는 서양을 제외한 섬 같은 곳을 대상으로 하
는 것이라는 고정관념이 숨겨져 있으며, 그 배경에는 파푸아
뉴기니 같은 비서양을 이질적인 사회로 간주하는 편견이 있

는 것 아닐까요?

따라서 이 문장은 포스트식민주의식 비평에 제격이긴 하지만, 한편으로 『미들마치』 같은 어마어마한 스케일의 작품을 즐길 때는 혈연이나 인척 관계에 주의해야만 한다는 점은 사실입니다. 그리고 이러한 작품을 읽을 때면 독자가 스스로 인물관계도를 만들어보게 됩니다. 서덜랜드 또한 『미들마치』의 인물관계도를 만들었고, 셰익스피어의 장미 전쟁 3부작 등을 극장에서 공연할 때는 대개 프로그램에 인물관계도가 실려 있습니다. 누구누구가 어떤 관계인지를 미리 알아두기 위해서는 인물관계도가 편리합니다.

그렇다면 시험 삼아 에밀리 브론테의 『폭풍의 언덕』의 인물관계도를 만들어봅시다. [도표 4]를 봐주세요. 이 작품은 3대에 걸친 애증을 그린 작품입니다. 단선이 부모·자식, 2중선이 결혼, 2중선에 붙어 있는 숫자는 결혼한 순서, 점선은 결혼을 동반하지 않은 연애 관계입니다. 물음표가 붙은 화살표는 확실하게 드러나지 않은 혈연관계를 나타냅니다. 히스클리프는 언쇼 씨가 갑자기 데리고 온 아이로, 일단 언쇼 가의 양자라고 할 수 있지만, 그 정체에 대해서는 확실히 작품 내에서 드러나지 않습니다. 한 가지 가능한 해석으로서 히스클리프는 언쇼 씨의 사생아, 즉 언쇼 부인 외의 여성과 사이

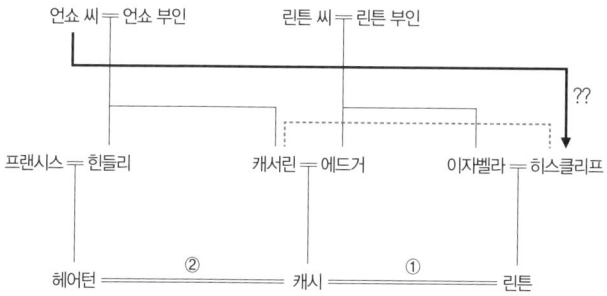

:: 도표 4. 「폭풍의 언덕」 인물관계도 ::

에 태어난 아들이 아닐까 하는 해석이 있습니다. 이 물음표 가 붙은 화살표는 그것을 나타냅니다. 그렇게 되면 캐서린의 연애는 근친상간이 되므로 스캔들러스한 사건이 되지만, 이런 부분은 수수께끼입니다. 이처럼 인물관계도에는 작중에 명확히 드러나지 않는 정보도 메모처럼 넣을 수 있으며, 이는 분석에 도움이 됩니다.

: 시도 그림으로 그릴 수 있다

가벼운 공기와 정화의 불이라는 다른 두 원소는
내가 어디에 있든 전부 당신과 함께 있다.
공기가 내 사념, 불이 내 욕망으로,
둘 다 재빠른 움직임으로 미끄러지듯 나타나고는 사라진다.
그 말은 곧, 이런 재빠른 원소가

당신에 대한 사랑이 넘치는 심부름꾼으로서 사라지고 나면
네 가지 원소로 구성된 내 목숨에는 두 개밖에 남지 않기에
죽을 듯이 가라앉고 우울함에 사로잡히고 만다.
당신에게서 돌아오는 이 재빠른 심부름꾼 덕에
목숨의 구조가 회복될 때까지는 말이다.
심부름꾼이 마침 지금 돌아와
당신의 건강함을 내게 전해준다.
그 말을 듣자 나는 기쁘다. 그래도 그건 잠시일 뿐.
심부름꾼을 당신에게 돌려보내고, 나는 곧 슬퍼진다.

_ 셰익스피어, 『소네트』 45장

셰익스피어의 소네트 중 이 45장은 '아리따운 젊은이'로 불리는 젊고 매력적인 남성 후원자에게 헌정된 작품입니다. 셰익스피어의 소네트는 많은 비유를 사용하고 있기에 솔직히 이해하기 어려운 부분도 많습니다. 이 시도 한 번 읽어서는 종잡을 수 없죠.

그럴 때는 일단 상황을 그림으로 그려보는 것이 좋습니다. 이 시의 경우, 근대 유럽의 신체에 관한 사고방식과 관계가 있으므로 우선 그것을 먼저 이해해둡시다. 근대 유럽에서는 불, 공기, 물, 흙이라는 4원소가 세계의 구성 요소이며, 그중 불과 공기를 고차원적인 원소라고 생각했습니다. 이 4원소는 인간의 몸을 구성하는 네 가지 체액에 대응한다고 여겨졌고, 불은 담즙, 공기는 혈액, 물은 점액, 흙은 흑담즙(멜랑

콜리)에 해당합니다. 이 시에서는 불이 욕망, 공기(바람)가 사념에 대응하는 한편, 점액 같은 물이나 흑담즙 같은 흙은 무거워서 기분이 가라앉는 인상으로 파악되고 있습니다. 화자인 시인은 고차원적 원소인 불과 공기를 연인이 있는 곳에 심부름을 보내기에, 남은 2원소와 있을 때는 우울합니다.

　이것을 그림으로 그린 것이 [도표 5]입니다. 간략하지만

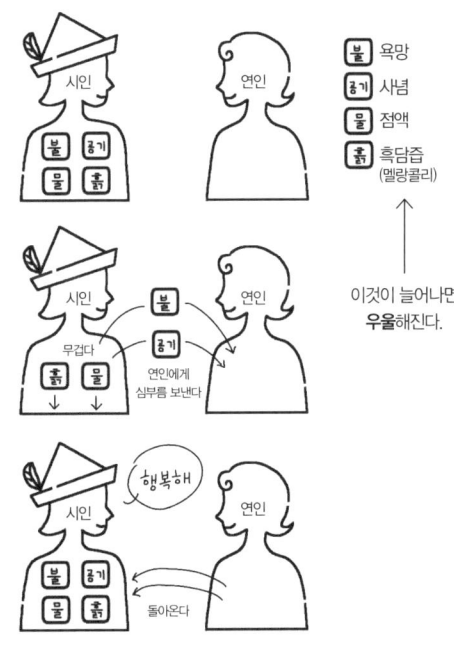

:: **도표 5. 「소네트」 45장의 이미지** ::

시의 이미지를 파악하기 위해서는 이런 느낌으로 비유를 그림으로 만드는 프로세스도 도움이 됩니다. 일단 상황이 잘 이해되지 않을 때는 그림으로 그려보세요.

:: **도표 6. 『안토니와 클레오파트라』의 막대인간 만화(기타무라 그림)** ::

이런 방식으로 이야기를 이해하기 위해서 막대인간(stick figure) 등을 사용해 그림으로 그려보는 것은 최근 교육의 장에서도 이루어지고 있습니다. 미국의 아티스트인 미야 고슬링(Mya Gosling)은 셰익스피어의 연극을 어린이에게 설명하는 막대인간 만화를 그리거나, 또한 실제로 참가자에게 막대인간 만화로 셰익스피어의 이야기를 표현하게 하는 워크숍을 열기도 합니다. [도표 6]은 이 워크숍에서 미야 고슬링 씨에게 배운 제가 그린 『안토니와 클레오파트라』 서두 부분의 막대인간 만화입니다. 엉터리여도 좋으니까 그림으로 만들어보면 의외로 이야기 이해에 도움이 됩니다.

: 이야기를 요소로 분해하다

> 태양 아래 새로운 것은 없다.
> _ 구약성경 코헬렛 1장 9절

이야기를 추상화하여 요소로 분해하는 것은 이야기의 구조를 파악하는 데 중요합니다. 작품을 마주할 때 처음에는 정독을 통해 세부에 주목해야 하지만, 그 후 일단 세부에서 벗어나 이야기를 대략적인 요소로 분해하여 정리함으로써 다른 이야기와의 공통성이나 차이가 보이게 됩니다. 그렇게 되면 작품의 어느 부분이 전통적이고 어느 부분이 독창적인지 특정하기 쉬워집니다. 이것은 작품을 하나의 독립된 것으로서가 아니라 다른 작품과 관련지어 이해하는 데 도움을 줍니다. 참신한 이야기처럼 보이더라도, 실은 예부터 존재하는 모티브를 능숙히 활용한 것뿐일 때도 있습니다. 이것은 표절이라거나 독창성이 없다거나 하는 문제가 아니라, 예부터 인기 있으며 모두가 재미있다고 여기는 전개의 핵심을 제대로 파악하고 있다는 의미입니다. 특히 오락성이 뛰어난 작품을 만들고 싶다면 정평이 난 전개를 파악한 후에 어디를 어떻게 무너뜨릴까, 어디에 창작자의 개성을 넣을까, 어디를 새롭게 바꿀까가 중요합니다.

요소로 분해한다는 것이 무슨 의미인지 실제로 한번 해 봅시다. 포인트는 고유명사를 전부 제거하고 이야기의 구조만 바라보는 것입니다. 예를 들어 미군 조종사를 그린 영화 〈탑건〉(1986)과 왕가의 자매를 둘러싼 애니메이션 영화 〈겨울왕국〉(2013)은 전혀 비슷하지 않은 이야기처럼 보이지만, 요소로 분해해서 골자만 떼어놓고 보면 전자의 주인공인 매버릭, 즉 피트 미첼과 후자의 주인공 중 한 명인 엘사가 경험하는 이야기는 꽤 닮았습니다. 우선 특수한 능력을 지니고 있지만 협조성이 떨어지는 주인공이 있습니다. 그 능력이 친구를 상처 입혀버렸기에 주인공은 능력을 봉인하려고 합니다. 하지만 친구와 국가가 위기에 빠지자, 구출을 위해 주인공은 능력을 해방합니다. 주인공은 협조성을 배우게 되고 그 능력에 조화가 이루어지며 원래부터 존재하던 커뮤니티에 다시금 참가하여 국가의 안녕을 가져옵니다. 자, 꽤 비슷한 이야기 아닌가요?

앞서 설명한 포스트식민주의 비평이나 페미니스트 비평, 퀴어 비평 등은 등장인물의 성별이나 인종을 포함한 세세한 특성이나 이야기가 벌어진 장소, 역사적인 문맥 등에 주목하는 비평이지만, 추상화는 이것과는 반대로 특성이나 장소를 일단 전부 버립니다. 하지만 실은 제대로 된 포스트식민주의 비평이나 페미니스트 비평, 퀴어 비평을 하기 위해서는 우선 추상화 단계를 거칠 필요가 있습니다. 그 이유는 〈탑건〉은 남성이 주인공인 마초적 영화, 〈겨울왕국〉은 디즈니 중에서도 페미니즘을 의식한 영화……라는 식으로 말하기 쉽지만, 실은 비슷한 구조라는 점을 명확히 함으로써 지금까지는 남성이 주로 주인공을 맡았지만 엘사 같은 젊은 여성이 주인공을 맡았다는 점에 새로움이 있다거나, 얼핏 참신해 보이는 스토리텔링이지만 실은 전통적이며 많은 사람에게 인기 있을 법한 구조를 바탕으로 한다는 등 이야기의 어디가 새롭고 어디가 낡았는지를 제대로 파악할 수 있게 되기 때문입니다.

　요소로 분해하는 방식은 일반적인 비평보다 오히려 옛날이야기 연구나 실제 작가를 대상으로 한 매뉴얼에서 매우 중시되는 프로세스입니다. 세계 각지의 민화를 유형별로 분류한 안티 아르네(Antti Aarne), 스티스 톰프슨(Stith Thompson), 한스 외르크 우터(Hans-Jörg Uther)가 만든 ATU 인덱스(이것은 몇 번인가 개정되었습니다)나, 러시아 형식주의의 연장선에 있는 블라디미르 프로프의 『민담 형태론』 등은 기본적으로 민화를 정리, 검토하기 위한 연구지만 그 밖의 이야기 유형을 생각할 때도 사용되고 있습니다.

　옛날이야기의 유형 인덱스란 주인공의 행동이나 이야기의

주요 전개를 기본으로 이야기에 번호를 붙여 분류한 것으로, 도서관에서 사용하는 십진분류법과 비슷한 분류법입니다. 예를 들어 최신의 ATU 인덱스의 300에서 399대는 '초자연의 적'에 관한 옛날이야기로, 다양한 이야기가 유형별로 나열되어 있습니다. 313은 '주술적 도주' 항목으로, 마법을 사용하여 무언가를 던지는 등의 작전으로 적에게서 도망치는 이야기를 가리킵니다. 일본 신화에서는 이자나기가 황천국에서 도망치는 이야기가 여기에 해당합니다.

신화나 민화 등을 요소로 분해하여 생각하는 분석 방법은 비평이나 연구에서는 이미 오래전부터 행해지고 있지만, 1977년에 시작한 〈스타워즈〉 시리즈가 성공한 이후부터 창작자나 관객 사이에서도 널리 알려지게 되었습니다. 〈스타워즈〉 시리즈를 낳은 아버지인 조지 루카스는 연구자인 조지프 캠벨이 신화의 기본적인 구조를 분석해서 쓴 『천의 얼굴을 가진 영웅』에서 강한 영향을 받았고, 이 책을 참고로 삼아 많은 사람의 마음에 호소할 수 있는 영웅의 이야기를 만들어냈다고 공언했습니다. 이야기의 유형을 정리해두는 것은 지금까지 어떤 이야기가 사람들에게 사랑받았는지를 이해하는 것과 이어집니다.

: 『리어 왕』과 옛날이야기

너희 중 누가 나를 가장 사랑한다고 말할 수 있겠느냐?

_ 셰익스피어, 『리어 왕』 1막 1장

그렇다면 셰익스피어의 희곡 『리어 왕』을 소재로 실제로 추상화 작업을 해봅시다. 『리어 왕』은 연로한 영국 왕인 리어가 3명의 딸에게 국가를 물려주려던 때, 어른스럽고 상냥한 막내딸인 코딜리아가 자신에게 감사의 말을 하지 않았다는 이유로 쫓아내버리는 장면에서 시작합니다. 무일푼으로 쫓겨난 코딜리아는 구혼자인 프랑스 왕으로부터 그 상냥한 인격을 인정받아 그와 결혼합니다. 한편, 듣기 좋게 아부 섞인 말을 했던 리어 왕의 큰딸 고너릴과 둘째 딸 리간은 재산을 받자마자 아버지에게 냉정하게 굴기 시작하며 학대를 가합니다. 자신을 버린 아버지가 걱정된 코딜리아는 리어 왕을 구하기 위해 프랑스 왕비로서 영국으로 출병하지만, 잡혀서 죽임당하고 맙니다. 리어는 코딜리아의 죽음에 충격을 받고 죽고 맙니다. 언니들도 다양하게 행했던 악행이 들켜서 둘 다 죽음을 맞이합니다.

자, 그렇다면 다음에 열거한 옛날이야기 중 『리어 왕』과 가장 비슷한 것은 무엇일까요?

(1) 빨간 두건

(2) 신데렐라

(3) 잭과 콩나무

(4) 장화 신은 고양이

포인트는 고유명사 등을 전부 제거한 후 기본적인 전개
만 남기는 것입니다. 『리어 왕』은 상냥한 딸이 아버지에게 학
대를 받는 장면에서 시작하는데, 이 딸에게 왕이 첫눈에 반
해 결혼합니다. 자, 이렇게 쓰면 깨달았을지 모르지만, 『리어
왕』은 기본적으로 신데렐라와 비슷한 이야기입니다. 신데렐
라는 ATU 인덱스 510의 '박해받은 여주인공'의 이야기 형태
에 속합니다. 신데렐라에는 510A라는 세부 구분이 붙어 있습
니다. 한편 서브 카테고리로 510B가 있으며, 이것은 '부자연
스러운 사랑'이라는 분류로, 아버지가 딸에게 무리한 요구(때
에 따라서는 근친상간 같은 섬뜩한 학대도 포함합니다)를 하고, 견디
지 못한 딸이 가출하지만 마지막에는 훌륭한 남성과 행복한
결혼을 하는 이야기를 지칭합니다. 『리어 왕』은 510B의 대
표적인 예 중 하나인 영국의 『풀모자 공주(Cap O' Rushes)』라
는 옛날이야기와 아주 비슷하며, 이것은 아버지가 딸 세 명
의 애정을 시험한 결과, 현명한 막내딸을 추방한 이야기입니

번호	분기	이야기 형태	유명한 예
500		초자연적인 조력자의 이름	룸펠슈틸츠헨
	500*	괴물이 수수께끼의 답을 흘린다	
501		3명의 연로한 여성 조력자	
502		거친 남자	무쇠 한스
503		난쟁이들의 선물	혹부리 영감
505		은혜를 갚은 죽은 자	
506		예언에서 도망치다	
507		괴물의 신부	
510		신데렐라와 당나귀 가죽	
	510A	신데렐라	라 체네렌톨라, 상드리용
	510B	당나귀 가죽	풀모자 공주
	510B*	긴 잠에 빠진 공주	

:: 도표 7. ATU 인덱스 500−510 ::

다. 『리어 왕』은 셰익스피어 희곡 중에서도 굴지의 배드엔딩인 비극, 신데렐라는 해피엔딩인 연애 이야기지만, 초반 전개는 상당히 비슷하다는 말입니다. 이야기에 약간만 손을 대도 희극도 비극도 될 수 있습니다.

: 모티브 조견표를 만든다

Phobia!

_ 킹크스(The Kinks), 〈Phobia〉, 1993

'작가성'이라는 말이 있습니다. 작가성이라는 것은 좀처럼 정의하기 어려운 말이지만 대강 풀이하면 어느 창작자에게 있는 특유의 개성, 작품에 나타나는 그 작가의 집착을 가리킵니다. 특정 창작자의 작품을 연이어 감상하다 보면, 때때로 '이 창작자, 어지간히 이런 묘사를 좋아하는구나'라고 깨달을 때가 있지 않나요? 깨달은 시점부터 주의해서 그 창작자의 작품을 계속 보다 보면, 그 사람이 집착하는 묘사가 어떤 식으로 발전해나가는지, 혹은 어느 시점부터 그런 집착이 사라지는지, 창작자의 변화를 알 수 있을 때도 있습니다.

1장에서 비평은 스토킹을 해도 좋은 유일한 장소라고 말했습니다. 작가성을 찾아내기 위해 특정 창작자의 작품에서 공통되는 요소를 추출하는 것은 무척이나 스토커 느낌이 나는 프로세스죠. 서두에 킹크스의 〈Phobia〉(공포증)의 가사를 인용했는데, 창작자 자신이 깨닫고 있는지도 잘 알 수 없는 공포나 집착을 철저히 파고들어야 할 필요가 있습니다. 일단 열 수 있는 문은 전부 열어봅시다.

이때 생각보다 도움이 되는 것이 앞 항목에서 설명한 '대략적인 요소로 분해해보는 방법'입니다. 예를 들어 쿠엔틴 타란티노 감독은 등장인물을 폐쇄된 공간에 감금하는 것을 무척 좋아하며, 제가 세어본 것을 기준으로 지금까지 그가 연출한 작품(TV와 단편을 포함) 중 80퍼센트 정도에 이 모티브가 나옵니다. 감금되는 장소는 관이기도 하고(〈킬 빌〉이나 〈CSI 과학수사대〉에서 감독을 맡은 시즌 5의 24, 25화), 자동차 안이기도 하고(〈데쓰 프루프 in 그라인드하우스〉), 눈에 파묻힌 집이기도 하는(〈헤이트풀 8〉) 등 작품별로 꽤 다릅니다.

처음에는 관에 살아 있는 사람을 넣은 채 땅에 묻는 식의 직접적인 묘사가 많았지만, 2015년의 〈헤이트풀 8〉은 밀실 미스터리로 바뀌어 있습니다. 폐쇄 공간의 위험이나 가라앉은 분위기를 그리는 것에 대해서는 이 작품으로 만족했는지, 2019년의 〈원스 어폰 어 타임 인 할리우드〉에서는 오히려 로스앤젤레스를 개방된 공간으로서 아름답게 찍는 것에 주력하고 있습니다. 하지만 목장에서 컬트 집단이 사는 모습을 그림으로써 넓은 장소에 부정적 의미를 부여하는 표현이 엿보입니다. 나아가 주인공 중 한 명인 릭(레오나르도 디카프리오 분)이 자신의 얼굴을 얼음물에 담그거나, 고민을 품은 채 대기실인 트레일러에 숨어서 날뛰는 모습을 담는 등, 자신을 마주하기 위해 폐쇄 공간에 들어가는 모습이 그려집니다. 장소를 그리는 방법에서 지금까지와는 조금 다른 특징이 엿보인다고 할 수 있겠네요.

특정 모티브에 주목함으로써 창작자의 변화를 좇을 때 편리한 것은 모티브 조견표입니다. [도표 8]은 쿠엔틴 타란티노가 지금까지 감독을 맡은 작품에 대해 여러 작품에서 공

작품명	음식의 흘날림	폐쇄 공간에 감금	일부러 자신에게 위해를 가하게 함
저수지의 개들		○	
펄프 픽션	△	△	
포 룸	△	△	○
재키 브라운		○	○
킬 빌 1&2	○	○	
CSI: 과학수사대 시즌 5 제24 · 25화		○	
데쓰 프루프 in 그라인드하우스		○	△
바스터즈: 거친 녀석들	△	△	
장고: 분노의 추적자		○	
헤이트풀 8	○	△	○
원스 어폰 어 타임 인 할리우드	△		△

:: 도표 8. 쿠엔틴 타란티노 감독 작품의 모티브 조견표 ::

통으로 나오는 모티브를 체크한 표입니다. ○은 확실히 나오는 것, △은 그다지 명확하지는 않지만 공통된 모티브로 간주할 수 있는 것입니다. 같은 창작자의 작품을 두세 개 감상한 후 무언가 비슷한 모티브를 깨달았다면 이런 표를 만들어두고, 나중에 깨닫게 된 다른 모티브를 더하거나 다른 작품을 더하거나 해도 좋습니다. 이를 통해 작풍의 발전 등을 생각할 수 있습니다.

04 _____

평가하다

: 잘 쓴 책인가, 못 쓴 책인가

도덕적인 책이나 부도덕적인 책이란 존재하지 않는다. 책은 잘 썼는가, 잘
쓰지 못했든가 둘 중 하나일 뿐이다.

_ 오스카 와일드, 「도리언 그레이의 초상」

만약 여러분이 작품을 평가하고 싶지 않다면 이 항목은
건너뛰어도 상관없습니다. 저는 비평에는 평가가 들어가는
편이 좋다고 생각하며, 애초에 평가할 생각이 없다고 하더라
도 비평을 하다 보면 평가가 들어가게 된다고 생각하지만, 딱
히 타인에게 이 생각을 강요하고 싶지는 않습니다. 평가란 비
평에 있어서 지뢰밭으로 들어가는 행위와도 같습니다. 그런
것을 생각해서 뭐가 재미있냐고 비판받거나, 가치라는 것은
기존의 오래된 기준에 작품을 끼워 맞추는 것이니까 권력주
의적이라고 욕을 먹거나, 작품을 깎아내린다면서 작가의 팬

들에게 공격을 당하는 등 세상에는 작품을 평가하고 싶지 않은 다양한 이유가 있습니다.

하지만 저는 평가, 즉 작품의 위상이나 가치를 판단하는 작업은 비평 중에서도 즐거운 프로세스라고 생각합니다. 무언가 작품을 접했을 때, 재미있었다거나 재미없었다거나 하는 감상이 생겨납니다. 왜 재미있었는지, 어떤 면이 재미없었는지를 생각하고, 그 근거를 명확히 정리하여 다른 사람과 공유하는 것은 중요한 평가 프로세스입니다. 작품 자체는 전혀 재미없더라도 이 평가 프로세스가 재미있다면 작품에서 즐거움을 이끌어낼 수 있습니다.

그렇긴 하지만, 오스카 와일드가 너무나 간단한 것처럼 말하는 '잘 쓴 책, 못 쓴 책'을 판단하기란 실은 상당히 어렵습니다. 평가란 그 작품 하나만을 보아서는 불가능한 경우가 대부분이니까요. 예술작품의 해석처럼 답이 하나가 아닌 것은 절대평가로 몇 점 식으로 채점할 수 없습니다. 주변을 둘러싼 다른 작품과 비교하여, 이 작품은 이러한 작품이 유행하는 역사적 배경에서 나왔지만 같은 장르의 다른 작품과 비교하면 이런 면이 독창적이라거나, 같은 작가의 전작과 비교하면 이야기의 전개가 자연스럽지 않아서 별로라는 등 비교를 통해 가치를 알 수 있습니다. 이것을 위해서는 정독으로 다양한 요소를 골라내고 타임라인을 만들어 복선의 회수 방법을 검토하고 시대 고증을 확인하거나 어떤 모티브를 사용해 통일적으로 콘셉트를 표현하는지를 확인하는 등, 다양한 분석을 해볼 필요가 있습니다.

이미 이 책의 '프롤로그'에서도 등장한 노엘 캐럴은 『비평철학』의 제2장에서 예술의 가치평가에 대해 '성공 가치'와 '수용 가치'라는 두 가지 기준 중 어느 쪽을 중시하는지가 비평에서 문제가 되기 시작했다고 지적합니다. '성공 가치'는 '그 예술가는 성취(혹은 실패)라는 관점에서 보았을 때 무엇을 수행하고 있는가', '수용 가치'는 '작품에서 감상자에게 제공하는 긍정적인 경험은 어떤 것인가'를 기준으로 생각합니다. 캐럴은 이 둘 모두의 평가축이 비평에 필요하다고 생각하지만, 둘 중에서는 예술가를 주체로 하는 '성공 가치'를 중시합니다.

저는 노엘 캐럴과 의견이 다릅니다. 둘 다 필요하다고는 생각하지만, 그중에서는 '수용 가치'가 더 중요하다고 봅니다. 노엘 캐럴은 '그 작품은 목표한 대로의 성공을 거두었는가, 아니면 실패했는가'가 문제라고 말하며, 이것은 비교적 쉽게 이해가 갑니다. 왜냐하면 이미 말한 것처럼 작가인 예술가보다도 작품의 '목표'를 논의하는 편이 분명 깔끔하게 비평할 수 있기 때문입니다. 하지만 한편으로 저는 비평이나 수용자가 존재하지 않으면 예술작품은 존재하지 않는다는 사고방식을 강하게 가지고 있기에, 독자가 작품을 보고 어떤 경험을 하는지는 극히 중요하며, 적어도 제가 비평할 때는 그에 관해 꼭 이야기하고자 노력합니다. 다만 반드시 어느 쪽을 중시해야 하는지 의식적으로 정해야 하는 것은 아닙니다. 작품의 콘셉트가 어느 정도 성취되었는지, 독자가 어떤 경험을 했는지, 비평할 때는 이 모두를 생각해야만 합니다. 그저 비평하는 사람이 그중 어느 것을 더욱 하고 싶은지 선택하면 됩니다.

: 사랑은 어디에서 오는가

난 네가 싫어. 그래도 널 사랑해.

_ 미라클스(The Miracles), 〈You've Really Got A Hold On Me〉, 1962

실제로 작품을 평가할 때, 그 포인트는 비평가에 따라 크게 다릅니다. 평가 방법은 하나가 아니라 무척이나 많습니다. 전개의 정교함을 높게 평가하는 사람이 있는가 하면, 문체나 비주얼 스타일을 평가하는 사람도 있죠. 평가하기 전에 다양한 사람의 비평을 읽고, 어떤 부분에 대한 평가가 가장 자기에게 와닿는지 생각해보는 것도 좋을지 모르겠네요.

노엘 캐럴이 말하는 '성공 가치'에 대입해보면, 작품의 콘셉트가 어느 정도 확실하게 자리 잡혀 있는지, 작품이 그 콘셉트의 실현을 어느 정도 성취하고 있는지가 가치 평가에 중요합니다. 이것은 장르별의 전통적인 약속 사항과도 밀접하게 관련을 맺고 있습니다. 일반적으로 휴먼 드라마라면 나오는 사람들의 심정이나 행동을 리얼하고 깊이 있게 그리고 있는지, 미스터리라면 수수께끼 풀이의 프로세스가 논리적이며 긴장감이 있는지가 중요합니다. 다만 콘셉트 자체가 '뭐가 뭔지 알 수 없을 정도로 혼란스럽다'라거나 '너무 낡았다'라는 식의 비판 대상이 될 때도 있으므로, 그런 면 또한 신경써야 합니다. 하지만 작품 전체가 어떤 전제로 만들어져 있는지를 인식하는 것은 필요합니다.

콘셉트가 성취된 예를 살펴봅시다. 리들리 스콧 감독의 영화 〈마션〉(2015)은 화성에 혼자 남겨진 주인공 우주비행사 마크(맷 데이먼 분)가 어떻게 과학의 힘을 사용해 살아남고, 지구에 있는 과학자들이 그에 응해 구출 작전을 펼치는지를 그립니다. 이 작품은 과학 검증을 중시하는 하드 SF라고 불리는 장르에 속해 있으며, '공상과학'이라고는 하지만 어느 정도 실현 가능성이 있을 법한 방법을 구사하여 화성에서 생존하는 모습을 스릴 넘치게 그립니다. 과학의 힘과 인간의 가능성을 밝게 그리는 것이 기본적인 작품의 방침이라고 여겨지며, 이것은 성취되었다고 말할 수 있겠네요. 이 성공에는 그저 과학을 확실히 고증하는 것뿐만이 아니라, 마크 역을 가능한 한 밝고 유머 넘치는 인간으로 그려서 절망적인 상황에서도 작품의 분위기가 어두워지지 않도록 한다거나, 뛰어난 과학자가 모여서 생각해도 처음에는 실패하는 모습을 그림으로써 리얼리티를 가미하는 등 다양한 요소가 얽혀 있습니다. 성공한 작품은 이런 식으로 그 성공 이유를 풀어서 생각해보면 좋습니다.

그 밖에 일반적으로 이야기의 평가 기준으로 중요시되는 것은 복선이 제대로 회수되었는지, 등장인물을 그리는 방식에 깊이가 있는지, 전개나 대사에 부자연스러운 부분이나 불필요한 부분은 없는지 등입니다. 소설이나 시라면 문체도 평가의 대상이 되며, 영화나 연극이라면 연기나 비주얼도 평가대상이 됩니다. 이 중 어느 포인트에 어느 정도 비중을 두는지는 장르나 비평가의 방침에 따라 달라집니다.

덧붙여서 작품에 독창성이나 참신함이 있는지도 평가해야 한다는 점을 말해두고 싶습니다. 다른 작품을 흉내만 냈기에 어딘가에서 본 듯한 느낌이 드는 작품에 대해서는 '진부하다'라고 딱 부러지게 말하는 편이 좋겠죠. '태양 아래 새로운 것이란 없다'라는 말을 앞에 인용했지만, 그렇다고는 해도 오랜 기간 태양 아래 방치되어 슬슬 썩어가고 있는 것과 창작자의 개성을 바탕으로 업데이트된 것에는 큰 차이가 있습니다. 작품의 성공은 태양 아래 어떤 것이 있는지를 배운 후, 그것에 무언가 자기 나름의 변화를 가하는지에 따라 결정됩니다. 재미있는 작품을 만들거나, 그것을 제대로 평가하기 위해서는 창작자와 비평가 모두 거인의 어깨 위에 올라서야 합니다.

여기에서 업데이트가 제대로 되어 있는 작품의 구별 예로서, 2019년의 프랑스 영화 〈타오르는 여인의 초상〉과 2020년의 영국 영화 〈암모나이트〉를 비교해봅시다. 둘 다 바닷가를 무대로 여성 사이의 로맨스를 취급한 역사 장르의 작품으로, 지금까지 경시되어온 레즈비언의 역사에 초점을 맞춰서 정열적인 연애를 그렸습니다. 〈타오르는 여인의 초상〉은 18세기의 여성 작가와 초상화 모델이 되는 귀부인, 〈암모나이트〉는 19세기에 실존했던 화석 연구자인 메리 애닝과 샬롯 머치슨의 연애를 취급하고 있으며, 후자는 아마도 전자의 영향을 받은 것으로 보입니다. 둘 다 완성도 높은 영화지만, 전자가 완전히 여성의 시점으로 이야기를 그리고 있으며 거의 모든 전개가 등장인물인 여성들의 주체적 의지를 바탕으로 하는 점에 비해, 후자는 여주인공들이 주변 남성의 약간 제멋대로인 행동에 휘둘린 결과 사랑에 빠진다는 식의 전개로서 여성의 주체적 행동이 거의 그려지지 않는 점을 지적받고 있습니다(Holderbaum). 〈타오르는 여인의 초상〉은 지금까지의 로맨스 영화에 흔히 존재했던 남성중심주의적인 영화 만들기를 배제함으로써 새로운 로맨스 영화를 만들고자 했지만, 〈암모나이트〉는 그런 부분의 업데이트가 부족합니다. 〈타오르는 여인의 초상〉의 어설픈 재탕처럼 보이는 부분이 있다고 할 수 있겠네요. 이런 점을 볼 때 〈타오르는 여인의 초상〉 쪽이 제대로 된 콘셉트를 확실히 실현하고 있으며, 성공 가치가 높다고 말할 수 있습니다.

하지만 문제는 이러한 '성공 가치'로는 높게 평가하기 어렵지만, 어찌하지 못하고 마음이 끌려버리는 작품이 세상에 존재한다는 점입니다. 이것은 '수용 가치' 면과 더욱 관계가 있습니다. 예를 들어 워쇼스키 자매가 만든 SF 영화 〈주피터 어센딩〉(2015)은 '극히 평범한 여자'처럼 보이는 주피터(밀라 쿠니스 분)가 갑자기 우주의 명문 일족 여왕의 환생이라는 사실을 알게 되고, 은하계를 둘러싼 대활극으로 발전하는 이야기입니다. 아이가 쓴 것 같은 엉성한 각본에다가 정말로 형편없는 영화라고 생각하지만, 여자아이가 꾸는 꿈을 한 치의 부끄러움도 없이 몽땅 쏟아내는 듯한 전개나 채닝 테이텀이 연기하는 늑대인간 느낌의 보디가드, 주피터가 착용한 말도 안 되게 화려한 헤드 드레스 등 다양한 감동 요소가 있기에 저로서는 미워할 수 없는 영화입니다. 이 영화의 성공 가치는 한없이 낮지만, 저에게는 꽤 수용 가치가 있습니다. 이러한 경우 그것을 솔직히 드러내어 평가하세요. 수준 면에서는 완전히 실패라는 점을 인식하면서도 매력을 느낀 이유를 자신의 취향에 비춰서 언어로 표현해보는 것이 좋습니다. 이항목의 첫 인용 부분의 노래 가사처럼, 마음에 들지 않는 면이 아무리 많더라도 사랑하지 않을 수 없는 경우가 존재하며, 그 반대도 있습니다. 이 같은 경우에는 자신의 사랑이 어디에서 오는지를 냉정히 생각해봅시다.

: 작품의 '친구'를 찾는다

> 결코 끝나지 않는 도서관의 파티처럼, 책에는 소개하고 싶은 친구가 있다.
> _ 케이틀린 모란, 「진짜 여자가 되는 법」

평가에 사용할 전략 중에 다른 작품과의 관련성을 바탕으로 작품의 위치를 찾는 방법이 있습니다. 예술작품의 평가는 기본적으로 다른 작품과의 관계나 비교로 성립합니다. 새로운 형식의 작품이 나왔을 때 비평이 어렵고 평가가 갈리는 이유 중 하나는, 그 형식으로 도대체 어느 정도로 대단한 것을 만들 수 있을지 판단하기 위한 선행 사례가 적기 때문입니다.

본 장의 〈어벤져스: 인피니티 워〉에 관한 논의 도중 저는 닥터 스트레인지가 지극히 낮은 승리 확률을 지적하는 것은 이미 〈스타워즈〉 시리즈 등에서 나온 익숙한 전개라고 논했습니다. 이런 식으로 어느 텍스트와 다른 텍스트가 보유하는 관련성을 '상호텍스트성(intertextuality)'이라고 합니다. 저는 MCU와 〈스타워즈〉 시리즈 사이에서 꽤 원시적이고 조잡한 형태이긴 하지만 '상호텍스트성'을 발견했다는 말이죠. '상호텍스트성'이라고 하면 어려운 말처럼 들리지만, 이것은 이 항목 첫머리에 인용한 케이틀린 모란이 '친구'라고 부르는 것과 유사합니다. 저는 작품 사이에서 무언가의 관련성을 찾을 때, 그 작품 사이를 '친구'라고 부릅니다. 예를 들어 뮤지컬 〈웨스트 사이드 스토리〉의 원작은 셰익스피어의 『로미오와 줄리엣』이므로, 이 두 작품은 '친구'입니다. 이때 원작과 번안의 관계라고 해서 『로미오와 줄리엣』을 부모, 〈웨스트 사이드 스토리〉를 자식으로 여기지 않는 것은 의도적입니다. '친구'

라는 단어의 좋은 점은 이 관계는 서로 대등하다는 점입니다. '부모'와 '자식'처럼 어느 일방이 상대방에 무언가의 보호나 지배를 미치는 듯한 인상을 주는 단어를 사용하면 분석 시 '원작에 충실하기 때문에 좋다'라는 식의 불필요한 가치를 생각하기 쉬우므로, 그것은 피하도록 합시다.

'친구'는 원작과 번안처럼 직접적인 영향 관계가 있는 것이어도 좋고, 〈어벤져스: 인피니티 워〉와 〈스타워즈〉 시리즈처럼 확실한 영향 관계는 인정할 수 없더라도 어쩐지 독자에게 공통의 교양으로 알려져 있으며 '패턴'을 알아볼 수 있는 관계여도 좋습니다. 또한 모티브에 공통성이 있을 뿐, 전혀 영향 관계는 없어 보이는 것이어도 좋습니다. 하나의 작품에는 반드시 친구가 있습니다. 친구를 찾는 것은 그 작품이 어떠한 사회적 문맥 속에서 어떠한 영향을 받아 성립한 것인지, 비슷한 작품과 비교할 때 어떤 독창성이 있는지를 생각할 때 도움이 됩니다.

: 네트워킹 방법

마지막 카드가 어떻게 나올지 모르겠어
하지만 어떻게든 중요한 연결고리가 만들어졌지

_ 엘라스티카(Elastica), 〈Connection〉, 1994

친구 찾기에 도움이 되는 방법이 네트워킹입니다. 네트워킹이라고 하면 인맥 만들기처럼 들리겠죠. 저는 실사회에서는 무척이나 사교적이지 못하고 친구가 적기에 이러한 네트워킹에 익숙하지 않지만, 반면 작품 사이를 연결하여 비교대상을 만드는 네크워킹 작업은 언제나 하고 있습니다. 사교성이 부족하더라도 작품의 네트워킹은 간단히 할 수 있으니 안심하세요.

우선 화이트보드나 종이 등 자유롭게 쓸 수 있는 것을 준비하고, 한가운데에 중심이 되는 작품을 적습니다. 여기에서는 2020년의 크리스토퍼 놀란 감독의 영화 〈테넷〉을 소재로 삼았습니다. 이 작품은 존 데이비드 워싱턴이 연기하는 이름 없는 남자가 세계의 위험에 맞서는 시간 여행 SF 액션으로, 복잡한 구성이 화제가 되었습니다.

[도표 9]처럼 〈테넷〉을 한가운데에 적습니다. 그 주변에 '친구'라고 생각하는 작품과 그 이유를 자유롭게 적어 넣습

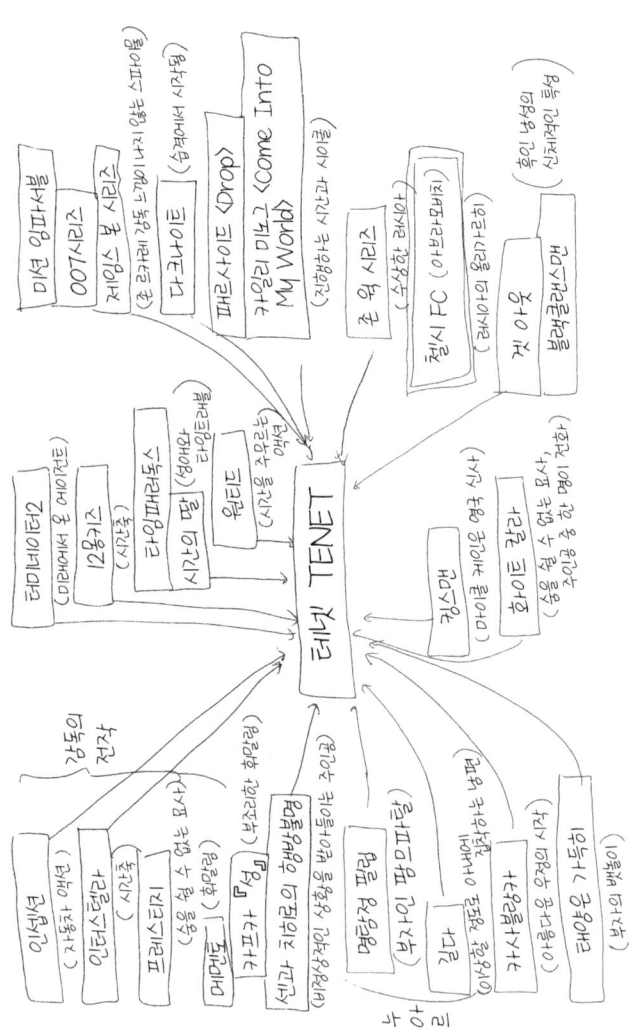

:: 도표9 〈테넷〉 네트워크 도표(기타무라, 이지마) ::

니다. 이 항목의 첫머리에 엘라스티카의 〈Connection〉의 가사를 인용했는데, 일단 '마지막 카드가 어떻게 나올지'는 신경 쓰지 말고, 착지점은 생각하지 말고 작품 사이를 연결해 보세요.

〈인셉션〉 등 같은 감독의 전작으로, 유사점을 생각함으로써 감독의 작풍을 생각할 수 있습니다. 007 시리즈 등은 명백하게 영향 관계가 있는 듯 보입니다. 나아가 정상적이지 않은 상황을 받아들이고 그에 적응하여 문제 해결에 노력하는 주인공이 나온다는 모티브가 공통된 〈센과 치히로의 행방불명〉 등 직접적인 영향 관계는 불명확하더라도 취급하는 내용에 유사성이 있는 것도 적어봅니다. 이번 사례에서는 중심이 되는 작품이 비교적 신작이므로 〈테넷〉으로부터 영향을 받은 후속 작품을 언급하지는 않았지만, 유명한 고전의 경우에는 중심 작품에서 영향을 받았다고 여겨지는 작품도 적어 보세요. 도표를 바르게 봤을 때 오른쪽 아래에 나오는 '첼시 FC'는 영국 프리미어리그의 명문 축구팀입니다. 러시아의 재벌인 로만 아브라모비치가 이 팀의 오너였으며 〈테넷〉의 메인 악역인 안드레이 사토르(케네스 브래나 분)는 러시아의 부자로, 분명 안드레이 사토르에게는 로만 아브라모비치의 이미지가 다소 반영되어 있다고 여겨지기에 적어 보았습니다. 이런 식으로 작품이 아닌 역사상의 사건이나 실존 인물에 관한 보도 등을 넣어도 좋습니다.

이 네트워크 도표는 저와 지도 학생이자 이 책의 제작에 도움을 준 이지마 히로키 씨 둘이 만든 것입니다. 이 표에 그밖에도 다양하게 보충할 수 있을 테고, 사람이 많을 때는 모두 함께 참여하면 더욱 다양한 시점이 나와서 재미있어집니다. 이 표를 바라보면, 크리스토퍼 놀란 감독은 시간축을 주무르거나 숨을 쉬지 못하게 만드는 묘사를 좋아한다는 점이나 러시아에 대해 상당한 스테레오타입이 있다거나 고전적 필름 누아르에서 강한 영향을 받았다는 사실을 알 수 있습니다. 러시아를 그리는 방법이 스테레오타입이라는 점은 독창성을 평가할 때 활용할 수 있겠네요.

: 토끼는 전부 뒤쫓자

흰 토끼를 쫓아라.
_ 〈매트릭스〉, 1999

지금까지 연습한, 요소로 분해하는 분석이나 네트워킹은 다른 작품과 비교하여 가치를 헤아리는 데 도움이 되는 도구입니다. 하지만 이러한 방법들은 일단 많은 작품을 접하며 요소를 추출하거나 네트워킹할 수 있는 수준까지 이르러야 한다는 점이 대전제가 됩니다. 접한 작품이 적다면 분해와 네트워킹 모두 불가능합니다.

제가 대학에서 비평이나 독해를 가르치는 데 어려움을 겪는 부분은 관련 작품을 체크하지 않고도 졸업 논문이나 리포트를 쓸 수 있다고 생각하는 학생이 꽤 있다는 점입니다. 이것은 큰 착각입니다. 어느 작품을 다루는 경우, 최소한 분석에 필요하다고 여겨지는 관련 작품은 이해하고 있어야 하며, 또한 자신이 흥미를 느낀 주제와 관계를 맺고 있다고 여겨지는 작품이 있다면 가능한 한 접해봐야 합니다. 분석의 방향성에 따라 알아두어야 할 관련 작품이 달라지기는 하지만, 언제나 안테나를 세우고 단서를 쫓지 않으면 비평을 할 수 없습니다.

예를 들어 서두에 〈매트릭스〉의 '흰 토끼를 쫓아라'라는 문구를 인용했습니다. 이것은 주인공인 네오(키아누 리브스 분)에게 보내진 메시지로, 네오가 이 조언에 따라 세밀한 사인을 해석한 결과, 모험이 시작됩니다. 일단 무언가 단서가 있다면 쫓아야 한다는 점에서 네오는 비평가에 어울리는 행동을 취한다고 말할 수 있겠지만, 한편으로 이 '흰 토끼를 쫓아라'라는 문장 자체도 쫓아볼 가치가 있습니다. 조금 조사해보면, 이것은 루이스 캐럴의 『이상한 나라의 앨리스』(1865)에 나오는 흰 토끼와 관련된 구절로, 앨리스가 토끼를 쫓는 것이 이상한 나라로 가는 모험의 계기가 되었다는 점을 알 수 있습니다. 이 장면에서 네오와 앨리스가 겹쳐지는 것처럼, 전체적으로 〈매트릭스〉는 루이스 캐럴의 영향이 농후한 작품입니다. 또한 토끼는 다산과 풍요의 상징으로 여겨지기도 하며 부활절에 이스터 에그를 옮겨준다고 여겨지는 동물이므로, 네오를 둘러싼 기독교의 모티브와 연관지을 수도 있습니다.

　제가 〈매트릭스〉에서 『이상한 나라의 앨리스』로 다다른 것처럼, 비평할 때는 눈에 들어온 흰 토끼를 닥치는 대로 쫓아야만 합니다. 쫓은 결과 다다르게 된 작품은 반드시 내용을 확인해보세요. 곧장 도움이 되지는 않을지도 모릅니다. 하지만 쫓으며 발견한 토끼가 많을수록 이후에 네트워킹을 할 때 도움이 되며, 다른 작품을 분석할 때도 생각지도 못한 도움을 줍니다. 평상시부터 토끼에 주의하고, 발견한 토끼는 전부 자신의 것으로 만들어보세요.

3장

쓰기

비평의 비결 4

: 나오지 않는 것에도 의미가 있다

쓰기
시작하다

: 자신은 예술가라는 사실을 기억하자

> 비평이라는 것은 그 자체가 예술이야. 그리고 예술적 창조에는 비평의 능
> 력이 포함되어 있고 그런 것 없이는 전혀 존재한다고 말할 수 없는 것처럼,
> 비평은 그 언어의 가장 고귀한 의미에서 정말로 창조적이지. 실제로 비평은
> 창조적이기도 하고, 또한 독립해서 존재하고 있기도 해.
>
> _ 오스카 와일드, 『예술가로서의 비평가』

자, 정독이나 그 연장으로서의 분석이 끝났으므로 지금
부터는 실제로 비평을 써봅시다. 물론 딱히 비평을 쓰고 싶
지 않은 사람은 하지 않아도 상관없습니다. 다만 비평을 쓰
는 방법을 배워두면 자신의 생각을 정리해서 조리 있게 말
할 때도 도움이 될 것입니다.

비평을 쓰기 전에 위에서 인용한 오스카 와일드의 『예술
가로서의 비평가』에 나오는 말을 알아두면 좋습니다. 비평가
는 실제로 직접 작품을 만드는 것이 아니기에 예술가에게 기

생할 뿐이라고 생각하는 사람이 많습니다. 하지만 19세기 말 런던 최강의 떠들썩한 비평가이자 극작가였던 오스카 와일 드는 대담의 형태를 통한 비평론『예술가로서의 비평가』에서 "비평이란 창조적인 능력을 사용하는 예술"이라고 단언했습 니다. 오스카 와일드는 교묘한 인물로, 이 말은 작가 자신의 의견이 아니라 대담에 등장하는 인물 길버트의 발언으로 나 오지만, 적어도 길버트는 그렇게 주장합니다.

오스카 와일드의 비평론은 전체적으로 사람을 업신여기 는 내용으로, 진지해 보이지 않을 때가 있습니다. 이런 유의 말투는 오스카 와일드가 우리가 사는 21세기와 비교할 때 보수적인 시대라 할 수 있는 빅토리아 시대의 런던에서 살았 으며, 그 시대는 무엇이든 역사적 배경으로 환원하거나 이상 할 정도로 도덕적 교훈에 집착하는 등 지금 보면 고지식해 보이는 비평 방법이 기승을 부리던 점이나 오스카 와일드의 주 활동 분야가 극장이며 (저처럼) 극의 비평가라는 점은 관 객석이라는 커뮤니티에서 작동하는 동조압력에 대항할 수 있을 만큼의 정신력이 필요하므로, 비평가 중에서도 특히 성 격이 괴팍하다는 사실을 염두에 두고 읽을 필요가 있습니다. 오스카 와일드는 보수적인 시대의 문예에 새로운 것을 불러 오려고 애쓰는 한편, 불성실한 문장을 쓰는 것에 진심으로

몰두하던 저술가였습니다. 『예술가로서의 비평가』에서 길버트가 말하는 것은 비평가로서의 매니페스토라 볼 수 있습니다. 즉 비평가는 예술가이며, 자신의 비평은 창조적 예술작품이라는 선언입니다.

비평을 쓸 때는 우선 이 길버트의 선언을 염두에 두면 좋습니다. 여러분이 쓰려는 것은 창조적 능력을 최대한으로 활용한 하나의 예술작품입니다. 제아무리 훌륭한 명장도 처음으로 만드는 작품은 형편없을 때가 많으므로, 여러분의 첫 비평은 완전히 볼품없을지도 모릅니다. 그래도 여러분은 비평을 씀으로써 창조하는 사람으로서 첫걸음을 내디딘 것입니다. 여러분이 비추는 빛의 각도에 따라 대상 작품이 쓰레기처럼 보이기도, 훌륭한 천재의 걸작으로 보이기도 할 테죠. 그런 책임감과 자신감을 가지고 비평을 쓰기 시작합시다.

: 어느 한 부분부터 파고든다

평소의 각오가 전부야.

_ 셰익스피어, 『햄릿』 제5막 제2장

초보자가 비평을 쓸 때는 메인 주안점을 어느 하나로 좁히는 것이 중요합니다. 작품을 주제로 모여서 토론을 하다 보면 다양한 것이 떠오르지만, 작품으로서 비평을 쓰는 경우 이들 전부를 담으려 해서는 안 됩니다. 지탱하는 하나의 축 없이 다양한 내용을 적다 보면 조잡하고 정리되지 않아 보이기도 합니다.

머릿속에 떠오르는 대로 막연히 써나가는 것만으로 제대로 된 비평을 완성하는 사람도 드물게 존재하겠죠. 하지만 만약 여러분이 초보자이며, 글을 어떻게 시작하면 좋을지 알 수 없는 경우에는 우선 어느 한 단면으로 좁혀보세요. 그런 후, 다양한 요소를 그 좁힌 단면과 연관 지어서 무엇이 무엇을 상징한다거나 작중에 나오는 이것은 그것과 유사하다거나 하는 것을 분석해서 정리합니다. 작품에서 무언가 특별한 것을 발견했더라도 자신이 고른 단면과 관계가 없다면 쓰지 않아야 합니다.

비평을 쓸 때는 결단력이 필요합니다. 처음에는 작품을 보고 떠오른 생각을 뭐가 됐든 전부 쓰고 싶을지도 모릅니다. 한편으로는 그다지 대단한 내용이 떠오르지 않아서 페이지 채우기식으로 다양한 것을 욱여넣으려고 마음먹게 될지도 모르죠. 하지만 그래서는 일관성 있는 비평이 되지 않습니다. 비평처럼 어느 정도 설득력이 있어야만 하는 문장에서는 필요 없는 것을 잘라내버리는 용기가 필요합니다. 토끼 굴은 닥치는 대로 전부 조사해야 하지만, 조사한 후에 파고들 곳은 한곳으로 좁혀야 한다는 말입니다. 햄릿처럼 각오를 굳힌 후, 어느 한 가지에 관해서만 쓰도록 하세요.

우리는 2장까지 어떻게 단면을 정하면 좋을지 배워보았죠. 비평 이론은 초보자가 주제를 정하는 데 도움을 줍니다. 젠더나 섹슈얼리티에 주목해보는 것도 좋고, 여러 번 나온 묘사에서 공통점을 발견한다거나 창작자가 항상 고집하는 것을 주제로 삼아도 효과적입니다. 예를 들어 앞서 살펴본 것처럼, 쿠엔틴 타란티노 감독이라면 공간 표현에 주목한다거나, 크리스토퍼 놀란 감독이라면 숨을 쉴 수 없는 묘사에 주목하는 등 다양한 방법이 있습니다. 처음에는 꽤 어렵지만, 익숙해지면 작품을 읽거나 보는 와중에 '아, 이건 써먹을 수 있겠네'라는 상상이 번뜩이게 됩니다.

: 타이틀은 자신을 구속하기 위해 붙인다

이 게임의 이름이 뭐죠?

_ 아바(Abba), 〈The Name of the Game〉, 1977

영어로 'the name of the game', 즉 '게임의 이름'이라는 어구는 '가장 중요한 것'이라는 의미로 사용될 때가 있습니다. 비평에서도 게임의 이름은 중요합니다. 비평 자체가 게임과 같다는 점은 이미 2장에서 설명했습니다. 작품으로서의 비평 하나하나에도 게임의 이름, 즉 타이틀이 필요합니다.

내용이 핵심이고 타이틀은 아무래도 좋다고 생각하는 사람도 있겠죠. 오히려 타이틀에 집착하는 것은 얄팍하다고 생각하는 사람도요. 하지만 타이틀은 아래의 두 가지 점에서 중요합니다. 멋진 타이틀일수록 효력을 발휘합니다.

첫 번째는 타이틀을 정하면 내용이 정해진다는 점입니다. 예를 들어 작품을 보고 의문이 든 내용이 있고, 그것을 풀어내고 싶은 경우에는 일단 구체적인 물음을 타이틀로 설정해보세요. 니미 난키치의 『금빛 여우』에는 장어에 대한 묘사가 잔뜩 등장합니다. 이 글을 읽고 장어가 맛있을 것 같다고 생각했다면 '왜 장어는 이렇게 맛있을까?—미식 문학으로서의 『금빛 여우』' 같은 타이틀을 붙이면 좋습니다. 이렇게 먼저 타이틀을 정해두면(나아가 그 타이틀이 구체적이며 비교적 재미있거나 멋있어 보인다면), 비평을 쓸 때 자연스레 타이틀에 구속되게 됩니다. 이것은 전 항목에서 언급한 '단면을 하나로 좁힌다'와 밀접한 관계가 있으며, 타이틀에 관련된 것만을 쓰려고 하는 무의식의 구속이 작용하여 자연스레 상당히 일관성 있는 결과물이 나오게 됩니다. 타이틀은 자신을 구속하기 위해 만든다고 생각하세요.

두 번째는 만약 비평을 써서 블로그 등으로 공개한다면, 멋진 타이틀을 붙이는 편이 커뮤니케이션의 관점에서 유리하다는 점입니다. 인간은 자신도 모르게 캐치프레이즈에 끌립니다. 외딴 탑에 틀어박혀서 몇 명의 친구 외에는 비평을 보여줄 생각이 없다면 캐치프레이즈 식의 타이틀을 붙일 필요는 없습니다. 하지만 만약 비평을 통해 다른 독자나 관객과 커뮤니케이션하고 싶다면, 다른 사람이 읽어줄 법한 타이틀을 붙여서 공개해야 합니다. 니미 난키치의 작품에 관한 진지하고 정밀한 논의가 큰 인기를 끌게 될 가능성은 그다지 크지 않을지 모르지만, 『금빛 여우』론'보다는 '왜 장어는 이렇게 맛있을까?—미식 문학으로서의 『금빛 여우』'라는 타이틀이 SNS에서 더 흥미를 불러오겠죠. 이것은 후자의 타이틀은 무엇이 쓰여 있는지 어느 정도 상상할 수 있을 정도로 구체적이며, 더군다나 더욱 재미있어 보이기 때문입니다. '『금빛 여우』론'이라면 도대체 어떤 단면을 어떻게 다루었는지 알 수 없습니다.

개인적 이야기지만, 저는 학술 논문이든 상업 매체용 비평이든 대개 단면을 우선 정한 후, 그로부터 타이틀을 정하고 쓰기 시작합니다. 이 책에 대해서는 처음에는 '내 가방에 들어 있는 토마토는 던지기 위해서 있다'(영어식 표현으로, 무대나 영화가 너무 형편없을 때 '썩은 토마토를 던질 만큼 형편없다'는 말을 쓸 때가 있습니다)라는 말도 안 되는 타이틀로 정할까 생각했지만, 너무 폭력적이기에 곧장 폐기하고 '나비처럼 읽고 벌처럼 쓴다'로 정했습니다. 복싱의 명언이므로 다소 폭력적일지 모르지만, 그래도 스포츠에 관한 내용이니까 그렇게까지 노골적이지는 않으며, 이쪽이 더욱 포지티브한 내용을 쓸 수 있을 것 같다고 생각했기 때문입니다.

: 어둡고 폭풍우가 몰아치는 밤은 안 된다

어둡고 폭풍우가 몰아치는 밤이었다.
_ 에드워드 불워 리턴, 『폴 클리포드(Paul Clifford)』, 1830

일단 고백부터 시작하자면, 저는 이 책에서 기본적으로 제가 읽거나 본 적이 있는 작품밖에 다루지 않았습니다. 하지만 에드워드 불워 리턴의 『폴 클리포드』만은 예외로, 이 책을 쓰는 시점에 최초의 한 행밖에 읽지 않았습니다. 그도 그럴 것이, 여러분은 이런 식으로 시작하는 소설을 읽고 싶으신가요?

에드워드 불워 리턴의 『폴 클리포드』의 첫머리는 영문학

사상 최악의 첫머리로 유명합니다. 무서운 소설을 쓸 때 기대감을 불러일으키기 위해 자주 사용되곤 하는 문장입니다. 그렇기에 『폴 클리포드』를 읽은 적 없는 저 같은 사람도 대개 이 문구를 알고 있습니다. 『피너츠』의 스누피가 '어둡고 폭풍우 치는 밤이었다'로 시작하는 소설을 계속 쓰고 있다는 단골 개그가 있는데, 그것은 이것을 가져다 쓴 농담입니다.

대부분 글을 어떻게 시작하면 좋을지 몰라 고심합니다. 기본적으로 비평을 쓸 때는 『폴 클리포드』처럼 그저 분위기를 내기 위한 문구로 시작하지 않는 것이 좋습니다. 간혹 무척이나 재치 있는 첫머리를 술술 적는 사람이 있지만, 이는 굉장히 드뭅니다. 보통 사람은 첫 문장을 쓰는 것만으로도 고생하며, 몇 시간이건 새하얀 컴퓨터 화면을 앞에 두고 굳어 있기도 합니다.

제가 추천하는 방법은 일단 작품의 정보를 간단히 적으며 시작하는 방식입니다. 소설이라면 작가가 누구고 언제 출간되었는지, 영화라면 감독이 누구고 몇 년도에 개봉되었는지 같은 기본 정보를 우선 씁니다. 이어서 작품 내용을 설명하는 문구를 한 문장 정도 적어 첫 단락으로 삼습니다.

예를 들어 앞 장에서 언급한 〈테넷〉의 비평을 쓰고자 하는데 첫머리가 도저히 떠오르지 않는다면 이런 식으로 써봅시다.

크리스토퍼 놀란이 메가폰을 잡은 영화 〈테넷〉은 2020년, 신종 코로나바이러스가 기승을 부리는 가운데 영화관에서 개봉되었다. 지금까지 크리스토퍼 놀란 감독은 동생 조너선 놀란과 각본을 공동 집필한 적이 많았지만, 전작 〈덩케르크〉(2017)에 이어 본작도 단독 각본에 의한 작품이다. 존 데이비드 워싱턴이 연기하는 이름 없는 주인공이 활약하는 일종의 스파이 액션인 한편, 복잡한 전개로 가득 찬 시간 여행 SF이기도 하다.

통상 논리적인 문장을 쓸 때 하나의 단락은 최소 세 문장 정도로 쓰되, 두서가 있게끔 유념하면서 해당 단락에는 한 가지의 내용만 쓰는 것이 좋다고 여겨집니다. 이것으로 첫머리의 단락 하나가 완성되었네요. 실로 간단하지 않나요? 〈테넷〉 같은 작품은 작품 자체가 매우 복잡한 이상, 스포일러가 염려되는 작품이기도 하므로 처음부터 이야기의 자세한 내용으로 들어가지 않는 편이 좋겠죠. 내용 설명은 한 줄이나 두 줄로 충분합니다.

작품의 내용이 조금 더 복잡하기에 처음에 내용을 일부 설명해두는 편이 좋다고 여겨질 때는 작품 정보를 한 단락, 내용에 관한 설명을 한 단락으로 나누어 씁니다. 이것도 앞 장에서 다룬 〈타오르는 여인의 초상〉을 예로 들어 설명해보겠습니다.

> 프랑스 영화 〈타오르는 여인의 초상〉(2019)은 여성 사이의 연애를 다룬 역사 로맨스 영화다. 자신이 레즈비언임을 세간에 공표한 셀린 시아마가 감독과 각본을 담당했다. 칸 국제영화제에서 성적 마이너리티에 관한 영화에 부여하는 상인 퀴어 종려상과 각본상을 수상했다.
>
> 무대는 18세기 프랑스의 한 섬이다. 화가인 마리안느(노에미 메를랑 분)가 섬에 있는 저택의 주인인 백작 부인(발레리아 골리노 분)으로부터 딸인 엘로이즈(아델 에넬 분)의 맞선용 초상화를 몰래 그려달라고 부탁받아, 본래의 목적을 숨긴 채 섬으로 찾아온다. 이윽고 진실을 알게 된 엘로이즈와 마리안느는 이후 헤어짐이 기다리고 있다는 사실을 알면서도 정열적인 사랑에 빠진다.

이것으로 첫 두 단락이 완성되었습니다. 작품의 줄거리를 처음에 길게 써버리는 사람이 많지만, 그러면 너무 질질 끌리는 느낌 때문에 읽을 마음이 사라질 수 있어 좋지 않습니다. 제대로 된 비평을 쓰고 싶다면, 문장의 서두에 대상 작품의 내용 소개를 3~5문장 정도의 짧은 한 단락으로 넣거나, 경우에 따라서는 기본 작품 정보 단락에 포함해서 1~2문장 정도로 설명해도 상관없습니다. 대충 어떤 이야기인지 소개했다면, 다른 세부적인 비평을 쓰면서 분석에 필요한 부분의 줄거리를 적당히 꺼내는 식으로 이어가면 됩니다.

02

단면을 제시하고
분석한다

: 토끼를 붙잡자

가는 길에 흘끗 바라보니 어떤 사람이 강 가운데서 무엇인가를 하고 있었습니다. 금빛은 들키지 않으려고 풀이 무성하게 난 곳으로 재빨리 자리를 옮겨 그 사람이 하는 양을 지켜보았습니다.

"효주잖아?"

금빛은 그 사람을 알아보았습니다. (중략)

한참 지나자 효주는 어망 끄트머리에 있는 주머니처럼 된 부분을 물속에서 건져 올렸습니다. 그 속에는 수초 뿌리와 잎사귀, 썩은 나뭇조각 따위가 너저분하게 들어 있었습니다. 그러나 그뿐이 아니었습니다. 이따금 무언가 하얀 것이 반짝반짝 빛을 내는 게 아닙니까.

그것은 통실통실 살찐 장어와 큼직한 보리멸이었습니다. 효주는 종다래끼 안에다 잡은 고기를 잡동사니 나부랭이와 함께 쏟아부었습니다.

_ 니미 난키치, 「금빛 여우」

첫머리를 썼다면 이제 단면에 따른 분석이 필요합니다. 중반 단락에서 무엇을 쓰면 좋을지는 각 단면이나 스타일에 따라 다르므로 첫머리처럼 정형화할 수는 없습니다. 다만 일단 시도해볼 수 있는 수법으로는 단면을 한 단락 정도로 제시하고 그 단면을 사용하여 세세하게 대사나 장면을 분석하는 것입니다.

앞서 '왜 장어는 이렇게 맛있을까?—미식 문학으로서의 『금빛 여우』라는 타이틀을 제시했습니다. 만약 이 단면으로 『금빛 여우』*를 비평한다면 일단 장어가 나오는 장면을 정독하고, 이것이 어떤 역할을 다하는지, 그리고 장어 말고는 어떤 음식이 나오는지를 생각해야 합니다. 여기까지 한 다음에 일단 첫머리의 다음 단락에서는 본 작품에서의 장어의 중요성을 강조합니다. 예를 들어 이런 방식은 어떨까요?

『금빛 여우』는 일종의 미식 문학이며, 물고기인 보리멸, 정어리, 밤, 송이버섯 등 맛있어 보이는 많은 음식이 등장한다. 그리고 본작의 이야기 근간에 있는 것이 초반 부분에 효주가 잡으려

했고, 그 후 금빛의 상상 속에서 큰 의미를 차지하게 되는 장어다. 이 비평에서는 『금빛 여우』라는 이야기에서 최고의 음식으로 여겨지는 장어의 중요성을 생각해보고자 한다.

　총 3문장으로, 첫 번째 문장이 머리말, 두 번째 문장이 발전, 세 번째 문장이 정리문으로 구성된 단락이 되었습니다. 여기까지 썼다면 다음은 구체적인 분석으로 들어갑니다.

　이 항목의 첫머리에 인용한 것은 『금빛 여우』에서 처음으로 장어가 등장하는 장면입니다. 화자의 시점은 장난을 좋아하는 여우 '금빛'에 있습니다. 이 장면에서는 우선 금빛이 강에 사람이 있는 것을 발견 → 그것이 효주라는 사실을 알게됨 → 물고기를 잡고 있다는 사실을 알게 됨 → 어망 속에 다양한 것이 들어 있다는 것을 알게 됨 → 그 안에 하얀빛이 보임 → 그것이 장어와 보리멸이라는 것을 알게 됨. 이런 순으로 정보가 제시됩니다. 이것은 망원렌즈로 대상을 점점 클로즈업해나가는 듯한 방법으로, 흐리게 시야에 들어온 것에서 시작하여 최종적으로는 쓰레기 더미 사이에서 빛을 내는 물고기까지, 독자를 금빛의 시점에 서게 해서 그 흥미를 이끄는 방식을 취하고 있습니다.

　이런 시점의 이동을 바탕으로 분석을 진행하면, 앞선 단면 제시 단락의 뒷부분에는 이런 내용을 쓸 수 있습니다.

본작에서 주인공이라 할 수 있는 장난꾸러기 여우 금빛이 장어를 만나는 것은 마을 사람인 효주가 물고기를 잡으려고 하는 장면이다. 이 장면에서는 우연히 강에 사람이 있는 것을 발견한 금빛이 눈을 집중해서 관찰을 시작한 결과, 효주가 가지고 있는 수초 뿌리와 잎사귀, 나뭇조각 같은 쓰레기로 가득 찬 어망 속에서 하얗게 빛을 내는 것이 보이고, 그것이 장어와 보리멸이라는 것을 알게 된다. 마치 영화에서 카메라가 급속하게 클로즈업하는 듯한 묘사법을 통해 독자의 시점을 강에서 흐릿하게 보이던 사람 그림자에서 물고기로 유도하며, 나아가 쓰레기 더미와 빛을 발하는 물고기를 대비함으로써 이 장어와 보리멸이 중요한 음식이라는 점을 교묘하게 암시하고 있다.

우선 이런 식으로 장어가 나오는 장면을 자세히 읽고 한 장면당 한 단락 정도의 문자량을 사용해 분석합니다. 그다지 깨닫지 못할지도 모르지만, 이 단락에서는 독자의 시선을 유도하는 테크닉을 칭찬하며 일종의 평가를 하고 있습니다. 평가를 할 때, '이 작품에는 이런 가치가 있다'라고 하나의 단락에 모아서 조금 과하게 정리하는 것보다도 이런 식으로 곳

곳에서 좋고 나쁨을 언급하는 방식을 취하는 편이 비평 전체를 읽었을 때 '뭔가 재미있어 보이는 작품이네'라고 생각하게 만들 수 있습니다. 다른 사람에게 추천하고 싶은 작품에 대해 비평을 쓸 때는 너무 티를 내지 말고 다양한 부분에 평가를 집어넣는 것이 좋습니다.

『금빛 여우』의 경우, 종반 장면에서 금빛이 효주에게 사과의 의미로 가져다주는 음식에 장어가 포함되지 않은 이유도 찾아볼 필요가 있습니다. 이만큼 중요해 보이는 대상의 경우, 작중에 '나오지 않는' 것에도 이유가 있을 때가 많습니다. 왜 『금빛 여우』의 종반에는 장어가 나오지 않을까요? 여러분이 스스로 생각해보세요.

: 음식 때문에 죽게 되는 금빛 여우

장어가 하늘 여행: 지나(支那), 조선에서 공중 운송

_ 《아사히 신문》, 1930년 4월 8일 도쿄 간행

문장을 찬찬히 읽고 분석한 후, 마지막 일격을 가할 때 쓸 수 있는 방법이 '거인의 어깨 위에 올라서는' 것입니다. 선인의 업적을 조사하고 단면의 문화적 콘텍스트를 찾아 그것을 비평에 반영할 수 있습니다. 마지막 단락을 쓰는 법은 다양하지만, 일단 거인의 어깨 위에 올라서서 끝내는 방식을 연습해봅시다.

저의 『금빛 여우』 비평의 주제는 장어입니다. 『금빛 여우』라는 이야기의 배경은 서두의 설명을 볼 때 성이나 영주가 존재하는 시대이므로 에도 시대(1603년부터 1868년까지—옮긴이) 이전처럼 보입니다. 일본에서는 예부터 장어를 자주 먹었으며, 에도 시대에는 장어 양념구이가 유행했던 것 같습니다. 무대가 되는 장소는 확실하지 않지만, 저자인 니미 난키치는 아이치 현의 지타 반도에 있는 지금의 한다 시에 해당하는 곳 출신입니다. 한편 『금빛 여우』가 처음으로 간행된 것은 1932년이므로, 집필은 그보다 앞이라고 생각할 수 있습니다.

시대 배경이 확실한 경우는 시대 고증을 해도 좋지만, 본작에서는 명확하지 않으므로 집필 시기와 저자의 출신지에 주목해봅시다. 1930년 전후의 일본, 특히 아이치 현 부근에서 장어는 어떤 지위의 음식이었을까요?

일본의 학술논문검색 시스템인 CiNii Articles에서 '장어 아이치 현'을 전문 검색해본 결과, 아오키 데루에(青木照惠)「아이치 현 오와리 지구의 향토요리, 그 특징과 경향(2)—미하마초편(愛知県尾張地区における郷土料理、その特徴と傾向(2)—美浜町編)」이라는 《나고야 분카단기대학 연구 기요(名古屋文

化短期大学研究紀要》에 게재된 조사보고가 나왔습니다. 이것은 한다 시와 가까운 지타 반도 미하마 부근의 향토 요리에 관해 고령자를 중심으로 청취 조사를 한 것으로, 이에 따르면 이 부근에서는 장어가 "옛날에는 꽤 많이 잡혔다", "그대로 구워서 간장 양념으로" 먹었다는 정보를 얻을 수 있습니다. 또한 《요미우리 신문》의 데이터베이스인 '요미다스 역사관'에서 '장어 아이치'라고 검색해보면, 1923년생이자 역시 한다 시에 가까운 니시오 시 출신인 도야마 시게히코(外山滋比古)가 소년 시절에 장어를 잡아서 간장으로 요리해 먹었다는 1989년 12월 20일자 기사가 나옵니다. 지금은 고갈이 염려되는 장어지만, 아마도 니미 난키치가 살았던 지타 반도 부근에서는 과거 강에서 장어가 많이 잡혔던 것으로 보입니다. 효주가 강에서 장어를 잡고, 그것이 금빛의 머릿속에서 효주의 어머니가 좋아하는 음식으로 변환되는 배경에는 이러한 지역적 문화가 존재할 가능성이 있습니다.

또한 1930년 전후의 신문 기사를 데이터베이스에서 검색하자 장어의 영양이나 조리법 등에 관한 다양한 기사가 나왔습니다. 이 항목의 첫머리에 인용한 것처럼 1930년에는 장어의 치어가 한국이나 중국에서 공중 운송되었다는 보도도 있었습니다. 지금은 사용하지 않는 '조선'이나 '지나'라는 단어가 사용된 점도 포함해서 식민지주의 시대를 연상시키는 제목입니다. 아무래도 장어는 당시 사람들에게 제국주의적 권력을 사용해서라도 손에 넣고 싶을 만큼 매우 관심 있는 식재료였다는 점을 알 수 있습니다.

조금 독특한 결론을 짓고 싶을 때는 이런 배경이 될 만한 정보를 마지막 단락에 담아 정리하는 것도 좋겠죠. 예를 들어 이런 식은 어떨까요?

장어는 일본에서 예로부터 몸보신에 좋다는 이유로 인기 있는 식재료이며, 현재 남획으로 인한 고갈이 염려되고 있다. 하지만 저자인 니미 난키치의 출신지인 지타 반도 부근에서는 옛날에 강에서 꽤 많은 장어가 잡혔고, 주민들은 평소 이를 즐겼던 것처럼 보인다. 그런 식문화가 본작의 배경에는 존재한다. 본작이 출간된 것은 1932년이지만, 이 당시에도 장어는 영양이 있다며 인기 있는 식재료였다. 복날이 다가오면 매년 장어 요리 기사가 신문을 장식했고, 1930년에는 한반도나 중국에서 장어 치어가 항공편으로 운송되었다. 금빛이 효주의 어머니가 죽은 것은 자신의 장난 탓이며 '장어가 먹고 싶다고 생각하면서 죽었다'라고 상상을 부풀리게 되는 배경에는, 이처럼 당시부터 장어가 특별히 건강에 도움을 주는 중요한 음식으로 널리 일본 사람들에게 알려졌다는 점에 있다. 금빛이 상상하는 효주 어머니의 임종 모습은 전혀 근거가 없으며 아마도 금빛이 양심의 가책으로 느낀 오해일 테지만, 이것은 금빛이 여우임에도 불구하고 당시 사람들로부터 지금까지 면면히 이어지는 장어에 대한 환상을 공유하고 있기 때문이다. 금빛 여우는 장어에 대한 마음 때문에 죽은 것이다. 음식에 대한 뜨거운 마음 때문에 죽은 주인공을 그린 비극인 『금빛 여우』는 어느 의미에서는 철저한 미식 문학이라고 말할 수 있으리라.

이렇게 쓰면 『금빛 여우』가 어쩐지 퇴폐적인 작품인 것처럼 보이지요? 제가 여기에서 이런 해석 전략을 취한 것은 일본의 국어 교과서에 실릴 정도의 작품이라고 해도 딱히 도덕적으로 독해하거나 교훈을 끌어내지 않아도 된다는 점을 암시하고 싶었기 때문입니다. 『금빛 여우』를 반드시 무언가 도덕적인 문장으로 읽을 필요는 없으므로, 일단 제대로 정독하고 마지막 단락에서 문장 분석에 더불어 조사를 바탕으로 한 역사적 배경 등을 조금 뒤섞으면 다소 균형감이 좋은 형태로 비평을 끝맺을 수 있습니다. 사용한 자료는 마지막에 참고문헌 목록을 만들어 목록화합시다(본문 241쪽을 확인하세요).

저는 이 『금빛 여우』 비평을 쓰기 위해 도서관에 있는 장어에 관한 책을 전부 빌렸고, 논문 데이터베이스와 신문 데이터베이스를 닥치는 대로 검색했습니다. 더욱이 검색 키워드는 '금빛 여우'가 아니라 '아이치 현, 장어'입니다. 덕분에 거인의 어깨 위에 올라설 수 있었지만, 솔직히 비평 한 편을 위해 이렇게까지 조사하는 것은 말도 안 된다고 생각하는 사람도 있겠죠. 하지만 거인의 어깨 위에 올라서기 위해 이 정도의 노력을 아껴서는 안 됩니다.

여기에서 한 가지 말해두고 싶은 것이 있는데, 실은 저는 장어를 무척이나 싫어합니다. 한 편의 비평을 위해 굳이 장어에 관해 열심히 조사한 것을 보면 제가 장어를 좋아하리라 생각한 사람도 있을지 모르겠네요. 하지만 저는 장어가 잡히지 않는 홋카이도 출신으로, 어렸을 때는 거의 먹은 적이 없습니다. 조금 큰 다음에 처음으로 장어를 먹었는데 너무 기름져서 전혀 맛있지 않았습니다. 제가 좋아하는 것은 장어가 아니라 비평입니다. 비평 프로세스가 재미있다면, 제아무리 흥미가 없는 것, 싫어하는 것에 대해서도 조사할 수 있습니다.

: 글이 써지지 않으면 조명이라도 칭찬한다

좋지 않아, 말도 나오지 않고, 짜증이 나고, 잠도 잘 수 없어

_ 롤링 스톤스(The Rolling Stones), 〈Casino Boogie〉, 1972

롤링 스톤스의 〈Casino Boogie〉 가사는 무척이나 초현실적입니다. 이는 믹 재거와 키스 리처즈가 도저히 가사가 생각나지 않자 전위작가인 윌리엄 버로스(William S. Burroughs)를 흉내 내어 무작위로 단어가 적힌 종이를 멤버들이 한 장씩 뽑아서 작사한 것이라고 합니다. 의미를 알 수 없는 반면, 어쩐지 짜증이 나는 느낌이 드는 것은 가사가 써지지 않아 곤란해하던 탓이겠죠.

글이 써지지 않을 때는 누구에게든 찾아옵니다. 우리는 롤링 스톤스도 윌리엄 버로스도 아니므로 무작위로 단어를 연결할 수는 없습니다. 비평을 일로 삼은 것은 아니라면 무리하게 쓰지 않아도 되지만, 학교 과제라거나 업무 의뢰를 받은 경우처럼 쓰지 않으면 안 될 때가 있습니다. 숨을 쉬는 것처럼 비평하는 저조차 도저히 써지지 않고 단면이 보이지 않는 작품을 만날 때가 꽤 많습니다.

비평을 쓸 수 없는 일은 적어도 저 같은 경우 '보통 수준으로 재미있었던' 작품에서 쉽게 벌어집니다. 무척이나 재미

있었다면 얼마든지 단면을 찾을 수 있습니다. 반대로 무척 형편없었다면 기운차게 헐뜯을 수 있습니다. 반면 보통 수준으로 재미있던 작품은 어딘가 걸리는 부분이 없기에 쓰기 어려울 때가 많습니다.

그런 경우는 무언가 무척이나 세세한 부분 하나에 주목해서 그것에 관해서만 쓰는 것이 제가 자주 하는 해결법입니다. 무대라면 조명이나 의상, 영화라면 편집이나 카메라워크에 관해 '이 부분이 좋았다', '그 부분이 별로였다'처럼 칭찬하거나 헐뜯습니다. 어찌 보면 조금 심한 표현이지만, 무대를 본 감상에서 '조명이 좋았다. 특히 이 장면의 그림자를 잘 사용했다'라고 칭찬하면 이상한 사람이라고 여겨지기도 합니다. 하지만 적어도 제대로 무대를 보지 않았다고 생각하지는 않겠죠. 제가 작품을 대하는 최소한의 성의 표시라고 생각합니다.

쓰기 위한
테크닉

: 자유롭고 편하게 써서는 안 된다

그런 페이지는 찢어버려도 돼.

_ 〈죽은 시인의 사회〉, 1989, 시 교과서를 앞에 둔 키팅 선생님의 대사

지금부터 비평을 쓸 때 항상 의식해야 하는 것에 대해 설명합니다. 우선 위의 인용문을 봐주세요. 〈죽은 시인의 사회〉는 세간에서는 높은 인기를 끌었지만, 영문학 교사들로부터는 좋은 평가를 받지 못했습니다. 저 또한 어른이 된 후 다시 보고 나서는 이렇게 몹쓸 영화였다니…… 하고 생각한 작품입니다. 이 영화에서는 1950년대 말 미국의 기숙사제 사립학교에 부임한 파격적인 영시 교사 키팅 선생님(로빈 윌리엄스 분)이 학생들에게 자유로운 사고방식을 가르치려고 함으로써 학교 측과 알력 싸움이 벌어집니다. 자유로운 사고방식은 필요하지만, 이 키팅 선생님의 접근법은 영문학을 가르치는 교

사 입장에서는 조금 문제가 있는 지도 방법입니다. 키팅 선생님은 시 분석에 관한 교과서를 학생에게 읽게 한 후, 이곳에 쓰여 있는 것은 헛소리니까 페이지를 찢어버리라고 합니다. 하지만 그러기 전에 왜 교과서에 쓰여 있는 내용이 헛소리인지에 대해서는 별달리 설명하지 않으며, 학생들이 서로 논의하게 하지도 않습니다. 갑자기 페이지를 찢어버리라고 할 뿐입니다. 이래서는 교사의 권위로 이유 없이 교과서를 찢게 한 것일 뿐, 교육이라고 보기 어렵습니다.

나아가 이 영화의 키팅 선생님은 학생들에게 시를 분석하는 방법을 그다지 제대로 가르치지 않습니다. 시를 즐길 때는 운율이나 비유 등 최소한의 분석 방법을 가르쳐야 하는데 그는 교과서를 찢을 뿐 그다지 체계적인 비평 방법을 가르치지 않습니다. 하지만 이 학교는 엘리트 남학교이므로, 지금까지 교양을 많이 축적해온 학생들은 '자유롭게 생각하라'라는 말에 따라 스스로 공부하며 다양하고 자유롭게 생각을 펼칩니다. 이것은 비슷한 수준으로 혜택을 받으며 자란 학생이 모인 엘리트 학교에서만 통용될 방법입니다. 1950년대의 엘리트 사립학교라는 환경에서는 이 방법이 좋을지 모르지만, 적어도 다양한 배경의 학생을 받아들이는 현재의 대학 같은 곳에서는 통용되지 않습니다.

이 영화와 비교하면 빈곤 지역 공립고교에 부임한 교사를 그린 〈위험한 아이들〉(1995)은 비판할 만한 여러 포인트는 있지만, 적어도 영문학 교육에 관해서는 〈죽은 시인의 사회〉보다 리얼하게 묘사하고 있습니다. 퇴역 군인인 존슨 선생님(미셸 파이퍼 분)은 학생들에게 시의 비유에 관해 제대로 논의하게 합니다. 나아가 과제를 내는 방법도 고민하는 등 그다지 능력과 수준이 비슷하지 않은 학습자 모임에게 작품을 즐기는 능력을 키워주려는 점에서는 효과를 기대할 수 있습니다.

비평을 쓰고자 한다면 키팅 선생님 같은 방법은 별로 좋지 않습니다. 자유롭고 편하게 생각해서 써서는 안 됩니다. 사람을 설득하는 수준의 비평을 쓰고 싶다면 자유와 편함은 버려야 합니다.

여기서 의문을 느끼는 분도 많으시겠죠. 지금까지는 비평에 유일한 올바른 해석은 없다거나, 작가의 의도지상주의에서 벗어나야 한다는 식으로 다양한 비평의 자유에 관해 이야기했으니까요. 하지만 한편으로는 스스로를 구속하기 위해 타이틀을 짓는다는 식으로 자유를 제한하는 쪽에 관한 이야기도 하지 않았던가요?

학교에서 독후감을 쓰거나 그림을 그릴 때 '자유롭고 편하게' 하라고 들은 적이 있는 사람이 많으시겠죠. 하지만 적어도 초보자를 대상으로 '자유롭고 편하게'란 단순히 지도를 포기하는 것에 지나지 않습니다. 가끔 자유롭게 쓰는 것만으로 좋은 결과물을 만드는 천재도 있지만, 대부분은 그렇지 않습니다. 아무 훈련도 하지 않고 글을 쓰거나 그림을 그리면 지금까지 자신이 몸에 익힌 사고의 틀에서 벗어나지 못할 뿐 아니라, 기술이 뒷받침되지 않으므로 다른 사람과 매한가지 수준의 평범한 결과물이 만들어지는 것이 보통입니다.

자신의 목소리를 찾기 위해서는 지금까지 자신이 바깥세계에 노출됨으로써 무의식적으로 배양해온 고정관념이나 편견을 일단 의식적으로 벗겨내고, 모르는 것이나 들은 적 없는 것을 접함으로써 세계를 확장해야 합니다. 지금까지 몸에 익힌 편견의 울타리 속에서 제아무리 '자유롭고 편하게' 한다고 해도 울타리에서 나와 자신의 개성을 발휘하는 방법은 배울 수 없습니다. 훈련을 동반하지 않는 '자유롭고 편하게'는 개성을 없애는 적입니다.

자신은 자유롭게 생각할 수 있는 인간이라는 확신을 버려야 즐거운 비평이 시작됩니다. 스포츠든 음악이든 기술 향상을 위해서는 일단 기존의 형태를 배우고 많은 연습을 해야 합니다. 거인의 어깨 위에 올라설 수 있을 정도로 훈련을 거치고 나서야 처음으로 새로운 것이 태어납니다.

: 대부분의 인간은 러스킨이 아니다

> 비평의 목적은 대상 그 자체를 있는 그대로 보는 것이라고 말해지지. 그래도 이것은 무척이나 심각한 착각이야. 비평의 가장 완벽한 형태를 인식하고 있지 못하지. 비평의 본질이란 순수하게 주관적인 것이며, 다른 것의 비밀이 아니라 스스로의 비밀을 밝혀주는 것이야. (중략) 터너에 관한 러스킨 씨의 견해가 타당한지 어떤지 누가 신경 쓰지? 그런 것에 무슨 의미가 있어?
>
> _ 오스카 와일드, 『예술가로서의 비평가』

여기에서 다시 오스카 와일드의 『예술가로서의 비평가』속 길버트가 등장합니다. 위의 인용 부분에서 길버트는 비평이란 그 자체로 재미있어야 하는 점이 중요하므로, 대상이 되는 작품의 특징을 파악하지 않아도 된다는 식으로 말합니다. 작품은 아무래도 좋고, 비평이 재미있으면 된다는 것은 매우 과격한 발언입니다.

하지만 적어도 초보자에게는 이 말이 들어맞지 않습니다. '누가 신경 쓰지?'라는 것은 결국 '아무도 신경 쓰지 않는다'라고 말하는 것인데, 일단 저는 그런 점을 신경 쓰며 아마도 대부분의 사람도 신경 쓰겠죠. 그리고 제가 길버트의 조언에 따라서는 안 된다고 한 이유는 우리 비평가 대다수가 여기에서 나오는 존 러스킨이 아니기 때문입니다.

존 러스킨은 19세기 영국을 대표하는 비평가 중 한 명으로, 라파엘전파(Pre-Raphaelite Brotherhood)를 지원하기도 한, 큰 영향력을 가진 인물이었습니다. 의외로 차분하고 착실한 비평을 썼지만, 한편으로는 헐뜯을 때의 박력도 엄청나서 화가인 제임스 맥닐 휘슬러(James Abbott McNeill Whistler)의 작품을 쓰레기라고 말해 재판까지 벌어지기도 했습니다. 그 밖에도 여러 스캔들을 일으켰으며, 요즘 식으로 말하면 꽤 이슈 메이커인 언론인이었습니다. 솔직하게 말하면 저는 러스킨이 악담을 퍼부을 때를 제외하고는 그다지 좋아하지 않지만, 그래도 빅토리아 시대의 비평을 이끌었고 지금껏 널리 읽히고 있는 명백히 재능 넘치는 비평가였습니다.

러스킨 정도로 센스가 있다면 작품 내용이 그다지 담기지 않은 엉뚱하고 기발한 비평을 써도 모두가 재미있다고 생각할지 모릅니다. 그런 점에서 길버트가 말하는 바가 반드시 틀렸다고는 말하기 어렵습니다. 하지만 저를 포함해 대부분 인간에게는 러스킨 정도의 센스가 없습니다. 러스킨이나 『예술가로서의 비평가』의 저자인 오스카 와일드만큼 문장만으로 글을 재미있게 만드는 힘이 있다면 작품에서 벗어나는 내용을 써도 용서받을 수 있겠죠. 하지만 우리는 그런 비평을 쓰더라도 썰렁하기만 할 뿐입니다.

재미있는 것은 이 항목의 첫머리에 인용한 글을 쓴 오

:: 도표 10. 휘슬러, 〈Nocturne in Black and Gold—The Falling Rocket〉(1875) ::

스카 와일드 자신은 작품과 관련 없는 그저 기발한 것을 쓰는 비평가가 아니었다는 점입니다. 또한 러스킨 또한 딱히 그런 유의 비평가가 아니었습니다. 오스카 와일드가 쓴 연극 비평은 100년 이상 지난 지금도 무대의 모습을 제대로 상상할 수 있을 정도로 알기 쉽게 쓰였습니다. 러스킨은 휘슬러의 ⟨Nocturne in Black and Gold—The Falling Rocket⟩([도표 10])에 대해 '물감 항아리를 던진 것뿐'인 형편없는 작품이라고 말했지만, 이 묘사는 헐뜯는 표현이기는 해도 부정확하지는 않으며 그림의 특징을 제대로 파악하고 있습니다. 길버트의 주장은 빅토리아 시대에 저자의 의도나 세간의 고정관념 같은 것에 사로잡히지 않은 자유로운 비평을 제창하기 위해서는 필요했겠지만, 사실 뛰어난 비평가는 대개 대상 작품에 대해 타당한 해설이나 분석을 행합니다.

비평을 쓸 때는 일단 독자가 그 작품의 모습을 대강이라도 파악할 수 있도록 쓰는 것에 유념합시다. 이것은 프로 비평가에게도 꽤 어려운 일이며, 저도 나중에 제가 쓴 비평을 읽고 '이건 도대체 무엇을 설명하고 싶었던 걸까'하고 후회하는 일이 종종 있습니다(4장에 대실패의 예가 있으니 봐주세요). 하지만 주의하며 쓰는 것만으로도 조금이나마 결과물에 차이가 발생합니다.

작품의 모습을 파악할 수 있도록 쓴다는 것은 무엇이든 세세하고 자세하게 쓰라는 말이 아닙니다. 그렇게 하면 불필요한 기술이 너무 늘어나서 글이 지저분해집니다. 이야기의 내용뿐만이 아니라 외관의 특징 등에도 주의를 기울여서 읽은 사람이 대상 작품을 알지 못해도 대강 어떤 느낌인지 상상할 수 있도록 써야 합니다.

여기에서 주의해야 하는 점은 자칫하면 '틀리지는 않았지만 내용을 상상하기 어려운' 묘사가 되어버린다는 점입니다. 처음 시작할 때는 일단 내용을 설명하는 것만으로 정신이 없기에 그다지 그런 일이 벌어지지 않지만, 비평을 쓰는 것에 조금 익숙해지고 나서부터는 주의가 필요합니다. 자기만의 독특한 견해를 전면으로 내세우려다 오히려 작품의 인상과 전혀 다른 설명이 되어버릴 수 있으니까요.

예를 들어 SF 액션 영화 〈트랜스포머〉(2007)의 내용을 한 문장으로 해설해달라는 말을 들었을 때, '변변치 않은 남고생이 자동차를 좋아하는 미소녀의 마음을 사로잡기 위해 자동차를 사서 집까지 태워다 준다고 말하는 등 눈물겨운 노력을 하지만, 거동이 수상하고 좀처럼 제대로 풀리지 않는 모습을 그린 청춘 코미디'라고 설명했다고 칩시다. 이 설명에 잘못된 것은 하나도 없습니다. 저는 〈트랜스포머〉는 그런 영화라고 생각하고 봤지만, 아마도 이 영화를 본 적 없는 사람에게 이런 식으로 설명하면 실제로 봤을 때 '전혀 다른 이야기잖아'라고 깜짝 놀라겠죠. 왜냐하면 여기에 나오는 남고생, 즉 샘(샤이아 러버프 분)이 산 자동차는 실은 로봇 생명체인 범블비의 가짜 모습으로, 이후에는 로봇들의 전투가 벌어지기 때문입니다. 이 영화의 주요 특징은 화려하게 변신하는 로봇의 싸움이며, 고교생이 자동차라는 취미를 통해 서로를 이해하려는 로맨스가 아닙니다. 물론 비평을 통해 고교생의 연애를 분석하는 것은 상관없지만, 작품을 설명할 때는 로봇이 나오는 어마어마한 액션물이라는 점을 최초에 언급해두지 않으면 비평을 읽은 사람이 작품에 대해 잘못된 인상을 품게 됩니다. 작품 비평을 쓰는 경우, 그것은 어떤 장르에 속하는 작품이고 어떤 특징을 가지고 있는지를 일단 최초에 제대로 설명하고, 그로부터 독자적인 견해를 제시해야 합니다.

: 평범한 인간의 감동에는 아무도 흥미를 가지지 않는다

> 평범한 인간에겐 관심 없습니다. 이 중에 외계인, 미래에서 온 사람, 초능
> 력자가 있다면 저한테 오세요.
>
> _ 타니가와 나가루, 『스즈미야 하루히의 우울』

　스즈미야 하루히의 이 발언은 꽤 정곡을 찌르고 있습니
다. 실제로 스즈미야 하루히와 마찬가지로 대다수 사람은 평
범한 인간에게는 흥미가 없으므로, 여러분이 외계인, 미래인,
이세계인, 초능력자가 아니라면 자신의 비평을 다른 사람에
게 읽히기란 매우 어렵습니다. 가끔 '감동했다'라거나 '좋았
다' 같은 한마디로 작품을 폭발적으로 팔리게 하는 인플루
언서도 있지만, 이것은 그 사람 자신이 외계인 레벨이며 특별
하고 유명한 사람이라고 간주되기 때문입니다. 테슬라의 수
장인 일론 머스크는 트위터에 글을 쓰는 것만으로 주가가 널
뛰기하지만, 그런 머스크 본인이 외계인인 건 아닐까 하는 농
담이 있으며 본인 또한 그런 말도 안 되는 소문을 마음에 들
어하는 것 같습니다. 외계인이라는 소문이 나돌 정도의 저명
한 사람이 아니라면, 단순히 한두 마디 정도로 다른 사람을
움직일 수는 없습니다.

　여러분이 어떤 작품을 소개할 때 '감동했다'라거나 '재미

있었다'라거나 '생각할 거리가 있었다' 같은 흐리멍덩한 말을 했다고 해서 여러분을 모르는 사람이 그 작품에 손을 뻗어 줄까요? 그렇지는 않을 테죠. 여러분을 잘 알고 신용하는 친구라면 '감동했다'라는 한마디만 듣고 작품을 봐줄지도 모르지만, 세상 사람 대부분은 여러분의 친구가 아닙니다. 또한 친구라고 해도 그 정도의 한두 마디로는 흥미를 보이지 않을지도 모르고요. 오락거리가 많은 21세기에 다른 사람에게 작품을 추천하기란 무척이나 어렵습니다. 비평을 읽게 하기 위해, 그리고 추천 작품에 흥미를 갖게 하기 위해서는 '감동했다'라거나 '재미있었다' 같은 의미 없는 말은 되도록 줄이고, 대상이 되는 작품이 어떤 내용이며 어떤 볼거리가 있는지 명확히 전해야 합니다.

어느 작품에 무척이나 감동했을 때는 어느 부분에 감동했는지, 그것은 어째서인지, 애초에 자신이 느낀 '감동'이라는 감정은 무엇인지를 생각하며 비평을 씁시다. 재미있었다면 어느 부분이 재미있었는지, 그 이유는 무엇인지를 생각해보세요. 비평은 학술 논문 등과 비교하면 주관적 표현이 허용되는 분야지만, 그래도 주관적으로 '감동했습니다!', '재미있었습니다!'만으로는 설득력이 없습니다. 어째서 감동했는지, 어째서 재미있었는지를 구체적인 표현을 증거로 제시하면서 분석해야 합니다.

: 나한테 말한 거야?

나한테 말한 거야?

_〈택시 드라이버〉, 1978

마틴 스코세이지 감독의 영화 〈택시 드라이버〉에서 주인
공 트래비스(로버트 드니로 분)가 거울을 마주한 채 "나한테 말
한 거야?"라고 묻는 장면은 그 불온한 분위기 탓에 매우 유
명합니다. 본작은 명작으로서 이름이 높지만, 실은 저는 마
틴 스코세이지 감독 작품 중에 이 영화는 웃을 만한 장면이
많지 않아 그다지 좋아하지 않습니다. 하지만 이 장면은 무
척이나 재미있다고 생각합니다. 그 이유는 거울 앞에서 동작
연습을 하거나 혼자서 가공의 시청자를 상상하며 같은 대사
를 반복하는 것은 분명 로버트 드니로 같은 배우에게 있어
서 크게 이상한 일이 아니며 분명 평소에도 이런 식으로 연
습하는 배우가 많을 텐데, 〈택시 드라이버〉라는 영화에서 트
래비스가 이런 행위를 하는 문맥이 되면 갑자기 무척이나 무
섭게 느껴지기 때문입니다. 조금 메타적인 시선일 수 있지만,
예술이란 일상적인 문맥에서 생각하면 기묘한 행위를 반복

하여 연습함으로써 몸에 익히는 것이라는 생각이 들게 만드는 장면입니다.

비평을 쓸 때는 거울 앞에 서서 독자를 상상해야 합니다. 여러분은 비평을 왜 쓰고 싶은가요? 이미 몇 번이고 설명했지만, 비평은 커뮤니케이션의 일종입니다. 여러분은 비평을 울타리 안에서 친구와 즐기기 위해 쓰나요? 아니면 같은 취향을 가진 사람들에게 보여주고자 팬들이 모이는 커뮤니티 같은 곳에 쓰나요? 그것도 아니면 상업 미디어에서 돈을 받을 수 있는 수준의 비평을 쓰고 싶은가요? 누구를 독자로 상정하는지에 따라 비평을 쓰는 방법도 달라집니다.

타깃층의 상정이 필요하다는 점도 '자유롭고 편하게 써서는 안 된다'라는 것과 관련 있습니다. 커뮤니케이션의 방법은 상대가 누구인지에 따라 크게 달라집니다. 예를 들어 평소 밀접하게 정보 공유를 하는 가족이나 직장 동료에게는 전제를 생략하고 말해도 문제가 발생하지 않습니다. 하지만 처음 만나는 상대에게 프레젠테이션을 할 때는 전제를 생략하면 이해하기 어렵습니다. 비평도 마찬가지로 타깃층 상정이 필요합니다.

예를 들어 셰익스피어 연구를 전문으로 하는 학술잡지에 최근 본 〈코리올레이너스〉 공연 리뷰를 싣는 것이라면 굳이 줄거리를 쓸 필요가 없습니다. 상정 독자층인 셰익스피어 연구자는 모두 『코리올레이너스』의 줄거리를 알고 있기 때문입니다. 하지만 일반 독자를 대상으로 한 상업지에 쓰는 경우라면 『코리올레이너스』의 줄거리를 몇 줄 정도 설명해야 합니다. 『코리올레이너스』는 셰익스피어의 희곡 중에서 그다지 유명하지 않으며, 상업지 독자라면 잘 모를 가능성이 크기 때문입니다. 이런 식으로 상정 독자층을 생각해서 그에 대응하여 글을 써야 합니다. 불특정 다수를 향해 글을 쓰는 것이라면 뭐가 됐든 알기 쉽게 설명하며 써야 하고, 한편 코어 팬을 대상으로 쓰는 것이라면 모두가 알고 있다고 여겨지는 것은 설명하지 않아도 됩니다.

타깃 설정을 제대로 하지 못하면, 그것이야말로 읽다가 "나한테 말한 거야?"라고 말하고 싶은 이상한 비평이 나와 버릴 수도 있습니다.

예를 들어 대학 리포트를 '여러분은 △△을 아시나요?'와 같은 정형구로 쓰기 시작하는 것은 명백한 타깃 설정 오류입니다. 통상 리포트를 읽는 이는 교수나 같이 수업에서 토론하는 소수의 학생이므로, '여러분'이라고 불특정 다수에게 말을 거는 것부터가 일단 이상하겠죠. 나아가 그 정도로 작은 커뮤니티, 그것도 어느 정도 공통되는 화제를 취급하고 있는 수업 리포트라면 △△이 무엇인지 당연히 알고 있는 사람이 많을 테니, '아시나요?'처럼 상대가 그 사정에 대해 모르는 것을 전제로 하는 방식으로 글을 쓰면 글쓴이가 제대로 독자를 파악하지 못하고 있다는 사실이 폭로되어버리는 결과가 벌어집니다.

비평은 커뮤니케이션이며, 커뮤니케이션의 방법은 상대방에 따라 달라진다는 당연한 사실을 이해해두세요. 누구를 위해 쓰는지를 염두에 둠으로써 비평이 더욱 상대방에게 잘 전달될 것입니다.

: 루비치라면 어떻게 했을까?

루비치라면 어떻게 했을까?
_ 빌리 와일더(Billy Wilder), 『빌리 와일더: 인터뷰(Billy Wilder: Interviews)』

할리우드의 유명 영화감독이자 각본가인 빌리 와일더는 스승이자 역시 유명 영화감독인 에른스트 루비치를 존경하여, 일하는 방에 "루비치라면 어떻게 했을까?"라는 말을 붙여두었다고 합니다. 막다른 곳에 빠지거나 어려운 지점에 다다랐을 때 '루비치라면 어떻게 했을까?'라고 생각하며 해결했다는 이야기는 영화팬 사이에서는 널리 알려져 있습니다.

어려운 부분을 만났을 때 그것을 어떻게 해결하면 좋을 지는 어떤 분야이든 간에 머리 아픈 문제입니다. 저 같은 경우에는 재기 넘치는 글은 물론, 정통파 비평도 쓸 수 있었던 오스카 와일드에 빗대 '와일드라면 어떻게 했을까?'라고 생각하고자 노력합니다(만난 적은 없지만요). 솔직히 오스카 와일드라면 어떻게 할지 생각해 해결하는 방법은 추천하기 어렵지만(거리낌 없이 싸움을 벌일 수 있는 성격이 아니면 불가능할 테지요), 좋아하는 작가를 롤모델로 삼아 '~라면 어떻게 했을까?'라고 생각해보는 것은 모티베이션을 유지한다는 면에서 꽤 큰 도움을 줍니다.

: 규칙을 전부 무시하자

> 만약 위키백과에서 어떤 규칙이 위키백과의 발전에 방해가 된다면, 그러한 규칙에 얽매이지 마세요.
> _ [위키백과: 규칙에 얽매이지 마세요]

저는 최근 10년 정도 일본어판 위키백과에서 활동해오고 있습니다. 항목을 쓰기도 하고 대학교육에 위키백과를 도입하거나 신규 참여자에게 편집 방법을 가르치고 있습니다. 무료 웹 백과사전인 위키백과는 누구든 참여할 수 있으며 확실한 경계가 있는 회사나 조직이 아니므로 책임자나 대표자가 없습니다. 치안이 어지러워지기 쉬운 웹 공간을 지키기 위해 한 명 한 명의 이용자를 얽어매는 규칙이 많습니다. 이용자가 규칙을 지키지 않으면 위키백과 커뮤니티로부터 혼이 나거나 추방당하기도 합니다. 말하자면 피라미드식 관료제입니다.

하지만 그런 위키백과에는 '규칙에 얽매이지 마세요'라는 규칙이 있습니다. 일본어판에서는 정책·가이드라인의 '초안'인 상태지만, 영어판이나 한국어판에서는 모두가 지켜야만 하는 '정책'입니다. 이것은 규칙에 얽매이면 개선을 볼 수 없는 경우라면 그 규칙을 무시해서라도 개선해야 한다는 생각을 나타냅니다. 실제로는 어떤 경우에 규칙을 깨도 좋은지에 관해서도 규칙이 있기에 무척이나 관료적이지만, 규칙주의보다는 개선과 혁신을 이상으로 삼고 중시한다는 점을 알 수 있습니다.

이것은 비평에도 통하는 사고방식입니다. 저는 지금까지 이렇게 해라 저렇게 해라 식으로 다양한 규칙을 말했지만, 여러분이 비평에서 해야 할 것을 전부 이해한 채로 어느 정도 쓰기에 익숙해졌다면 필요한 경우에는 규칙을 전부 무시해도 좋습니다. 포인트는 '비평에서 해야 할 것을 전부 이해한 채로'라는 전제가 있다는 점입니다. 규칙을 모르는 사람이 규칙을 무시할 수는 없죠. 규칙을 배우지 않고 그저 주먹구구로 하는 것뿐이라면, 그건 단순한 무지이며 울타리에 갇혀 날뛰는 꼴이 될 뿐입니다. 규칙을 기억한 후에 '여기는 규칙에 얽매이지 않는 편이 좋겠다'라고 판단할 수 있게 된다면, 그것은 독창성으로의 첫걸음, 자신의 목소리를 찾아내기 위한 도전이 됩니다.

원한다면 서두에 기본 정보와 줄거리를 쓰지 않고 갑자기 자신의 경험부터 쓰기 시작해도 좋고, 한 단락에 한 문장만 담아도 상관없습니다. '감동했다'라거나 '재미있었다' 같은 부분부터 시작해도 좋겠죠. '이런 내용을 쓰면 과격하다는 소리를 듣지 않을까'라거나 '이것은 너무 난폭한 분석이 아닐까'라는 불안이 스쳐 지나간다고 해도, 자신의 마음에 솔직하게 쓸 수 있다는 자신감이 있고 효과적으로 쓸 수 있다고 여겨질 때는 자신을 믿고 일단 장애물을 뛰어넘어봅시다. 무사히 장애물을 넘어 착지할지, 장애물에 발이 걸릴지는 모르지만, 자신의 목소리를 발견하기 위해서는 뛰어보고 실패하는 경험도 필요합니다.

: 하스미 시게히코라면 어떤 형태에 끼워 맞춰도 결국 하스미 시게히코가 된다

[미시마 유키오 상 수상에 대해] "하나도 기쁘지 않습니다. 정말 짜증이 날 뿐입니다."

_ 제29회 미시마 유키오 상을 수상했을 때의 하스미 시게히코의 코멘트,
《허핑턴 포스트(일본판)》, 2016년 5월 16일

이것은 전 도쿄대 총장이자 저의 출신 학과인 도쿄대학 표상문화론교실의 창설에 힘쓴 하스미 시게히코(蓮實重彦)가 미시마 유키오 상을 수상했을 때의 기자회견 코멘트입니다. 저 자신은 연구 분야도 연대도 다르므로 전혀 접점이 없고, 단 한 번 연구실에서 뵌 적이 있지만 그때도 별다른 이야기를 나누지 않았습니다. 실은 대학에 들어가기 전까지 저는 하스미 시게히코라는 이름을 전혀 알지 못했고, 표상문화론교실에 들어가고 나서 서둘러 과제가 된 책을 읽은 것뿐이었기에 하스미 시게히코의 비평에 대해 자세히 알고 있지도 못합니다.

하지만 이 항목에서 하스미 시게히코의 비평론을 설명하려는 것은 아닙니다. 여기에 인용한 짧은 수상 소감으로부터 유추할 수 있듯이 하스미 시게히코라는 사람은 글을 쓸 때

건 말을 할 때건 매우 특징적이고 결연한 스타일을 가지고 있으며, 언제 어떤 때든 그 스타일이 무너지지 않는 비평가입니다. 주변의 영향으로 목소리가 달라질 법한 비평가가 아니라는 말이죠.

제가 여기에서 지적하고 싶은 것은 여러분이 하스미 시게히코 정도로 강렬한 비평가로서 잠재력을 가지고 있다면, 아무리 주변에서 형태에 끼워 맞추더라도 여러분은 하스미 시게히코가 될 것이라는 점입니다. 제가 지금까지 소개한 다양한 방법이 확 와닿지 않는 사람이나, 비평을 형태에 끼워 맞추는 것에 어쩐지 저항을 느끼는 사람도 있을 테죠. 하지만 만약 여러분이 하스미 시게히코 같은 잠재력을 가지고 있다면, 이 책을 읽거나 친구와 토론을 하는 정도의 영향으로 그것을 잃어버릴 리는 없을 것입니다. 조금은 개선을 위해 타인의 의견을 참고로 삼을지도 모르지만, 여러분은 당당히 하스미 시게히코 같은 길을 걷고, 형태에 끼워 맞추지 않은 독자적인 문체를 개발하게 되겠죠.

이 책은 어디까지나 비평의 첫걸음을 내딛기 위한 초보자용 설명서입니다. 여러분에게 엄청난 재능이 있다면 저나 다른 사람이 제아무리 형태에 끼워 맞추려고 해도 여러분은 자신만의 스타일을 발견할 수 있으므로, 이런 책을 읽음으로써 자신의 독창성이 훼손되지는 않을까 걱정하지 않아도 됩니다. 자신에게 하스미 시게히코 같은 잠재력이 있는지 어떤지, 초보자 단계에서는 분명 알기 어렵습니다. 일단 처음에는 안심하고 형태에 끼워 맞추세요. 거기에서 울타리를 깨고 앞으로 나아가 자신의 목소리를 발견하면 족합니다.

: 다른 사람에게 사랑받으려고 노력하지 말자

저명한 남성 작가의 소설을 논평하고자 내가 펜을 손에 들자, 집 안의 천사는 내 등 뒤에 가만히 다가와서 이렇게 속삭였습니다. "당신은 젊은 여성이에요. 남자가 쓴 책에 대한 비평을 쓰려고 하고 있군요. 그 말에 찬성하세요. 상냥하게 치켜세우세요. 진짜 사실은 말하지 말고, 여자의 책략을 있는 힘껏 이용하는 거예요. 자신의 의견이 있다는 것을 누구에게도 들키지 않도록요. 무엇보다도 순수한 척 말이죠."

_ 버지니아 울프, 「여성의 직업」

버지니아 울프는 20세기 전반에 활약한 모더니즘 문학의 기수로, 현대적 페미니스트 비평의 시조 중 한 명이기도 합니다. 버지니아 울프는 무척이나 지적이며 재능과 유머로 넘치는 혁신적인 작가였습니다. 또한 미들 클래스의 문인 일가 출신으로, 당시의 여성으로서는 교양도 지니고 있으며 좋은 환경에서 자랐다고 할 수 있습니다. 하지만 그런 버지니아 울프조차도 여성이기 때문에 받는 억압에서 벗어나지 못했습니다. '집 안의 천사'라는 것은 빅토리아 시대 여성의 이상상(理想像)을 말하는데, 버지니아 울프는 이것을 자신의 마음을 억누르는 억압, 모르는 사이에 내면화되어버린 사회적 결정의 의인화처럼 사용합니다. 이 문장에서 보면, 비평을 쓸 때 비판적 태도를 보이면 여성스럽다고 여겨지지 않게 되며, 남성의 기분을 상하게 하지 않을까 불안하다는 점을 알 수 있습니다.

비평을 쓸 때의 각오로서 중요한 것은 다른 사람에게 사랑받으려는 마음을 버리는 것입니다. 비평이란 작품을 칭찬하는 것이 아니라, 비판적으로 분석하는 것입니다. 좋은 부분은 왜 좋은지 생각하고, 문제가 있다면 그것을 직시한 채 왜 좋지 않은지 생각하는 것이 비평이며, 그것을 통해 작품의 가치나 문제점이 드러나게 됩니다. 하지만 문제점을 지적하면 작가는 화를 낼지도 모르고 그 작품의 팬 또한 화를 낼지 모릅니다.

이럴 때 작가가 가엽다고 생각하거나 팬의 반응을 두려워하며 수위를 조절하다 보면 영원히 좋은 비평은 쓸 수 없습니다. 비평가란 탄생했을 때부터 미움을 받았습니다. 영어권의 연극계에서 비평가는 눈엣가시로 여겨지며, 1779년에는 리처드 브린슬리 셰리든(Richard Brinsley Sheridan)의 〈비평가 (The Critic)〉라는 연극을 통해 정통으로 풍자당하기도 했습니다. 18세기부터 이미 미움을 받는 역할이었다는 말이죠. 어차피 비평가가 사랑을 받는 일 따위 결단코 없으므로, 그냥 자신에게 솔직해지는 것이 좋습니다. 다른 사람이 기뻐할 만한 비평이 아니라, 자신이 생각하고 싶은 대로 생각하고 쓰고 싶은 것을 쓰세요.

자신의 판단에 따라 솔직히 비판하는 데 있어서 뛰어넘지 않으면 안 되는 현대 특유의 장벽이 두 가지 있습니다. 첫 번째는 적어도 동양권의 학교에서는 중등 교육 정도까지는 작품에 대해 비판적인 고찰을 그다지 하지 않으며, 비판을 하는 것과 받는 것 모두 익숙하지 않은 사람이 많다는 점입니다.

2017년에 자민당의 이마이 에리코(今井絵理子) 의원이 트위터에 "비판 없는 선거, 비판 없는 정치"를 내건 뒤, 그야말로 강한 '비판'을 받은 적이 있습니다. 이마이 의원처럼 문제점의 지적을 동반한 비판을 무언가 나쁜 것처럼 착각하는 사람이 정치가 중에도 있습니다. 비판은 언론의 장을 건전하게 유지하기 위한 필수 요소이며, 어느 표현이나 제안에 어떤 가치가 있고 어떤 타당성이 있는지를 비판적으로 생각하고 솔직히 의견을 교환하며 비판을 바탕으로 개선을 도모하지 않고서는 자유로운 언론의 장은 성립하지 않습니다. 작품이든 정책이든 문제점을 지적하는 것은 전혀 나쁜 일이 아니며, 오히려 필요하다고 인식하세요. 여러분이 싫다고 생각하는 작품이 있다면 주변 분위기에 맞춰서 칭찬하지 않아도 괜찮습니다. 왜 싫은지를 잘 생각해보고 그 이유를 들어 이야기하면 됩니다.

두 번째는 SNS나 블로그의 등장으로 인해 작품에 대해 비판적으로 말하면 작가나 팬으로부터 공격을 받을 위험성이 늘어났다는 점입니다. 저널리스트인 키에란 데블린(Kieran Devlin)은 《i-D》 인터넷판에 쓴 기사에서 니키 미나즈(Nicki Minaj)나 리조(Lizzo) 같은 아티스트에 대해 딱히 악담을 퍼부은 것도 아니고 그저 비판한 사람들이 팬으로부터 공격받고 협박 사태까지 발생한 사례가 있다는 것을 소개하고 있습니다. SNS 덕에 쉽게 감상을 공유할 수 있게 되었지만, 한편으로는 팬 커뮤니티 내에서의 동조압력이 심해지고 있으며 칭찬하는 감상 외에는 공유되지 않고 비판하면 공격을 받게 되는 풍조도 찾아볼 수 있습니다. 이런 가운데 쉽게 받아들여지기 어려운 비판을 공표하기에는 꽤 큰 용기가 필요합니다. 물론 용기가 나지 않을 때는 비판을 공표하지 않아도 상관없습니다. 하지만 그렇게 생각하지 않았음에도 작품이 재미있다고 느끼는 척하거나, 딱히 좋다고 생각하지 않았는데도 입으로 꺼내서 칭찬할 필요는 없습니다.

비평은 인격과는 관계없습니다. 어느 작품을 어떻게 평가하는지와 비평가의 인격은 관계없으며, 작품을 비판했다고 해서 작가의 인격을 헐뜯는 것도 아닙니다. 작품을 비판하는 것은 작가의 기교를 비판하는 것으로 이어지지만, 예술적인 기교는 인격과는 관계가 없으므로 이 작가는 이런 테크닉을 제대로 구사하지 못했다거나 무언가 결여된 스킬이 있다는 식으로 지적하는 것은 인신공격이 아닙니다.

하지만 인신공격이 아니더라도 작품을 쓰레기라고 말하거나 작가의 기법을 비판하면 그 작가나 작품의 팬들은 싫어할 수 있겠죠. 이때는 현실을 직시하고 모두로부터 사랑받는 '좋은 사람'이 되는 것은 불가능하다는 점을 인식합시다. 이것은 비평에 한하지 않고 일상생활에서도 마찬가지입니다. 좋고 싫음을 확실히 말하는 솔직한 사람이 언제나 사랑받지는 못하죠. 버지니아 울프가 지적한 것처럼 여러분이 여성이라거나 젊다거나 무언가의 순종을 기대받는 처지라면 특히 더 그럴 테고요. 하지만 주변의 기대에 응해서 순종적이고 좋은 사람을 연기하며 말하고 싶은 것을 말하지 않고 살다 보면, 스트레스가 가득 차고 해나갈 마음을 잃어버리게 됩니다. 비평도 마찬가지입니다. 생각을 억눌러서 우울해지기보다는 말하고 싶은 것을 말하세요. 그것이 작품을 즐기는 길입니다.

4장

커뮤니티 만들기

실천편

비평의 비결 5

: 사람 수만큼 해석이 있다

좋든 싫든, 해석은 마을의 유일한 게임이다.

_ 스탠리 피시, 『이 반에 텍스트는 있나요?(Is There a Text in This Class?)』

지금부터는 실제로 비평을 써보고, 그것을 바탕으로 논의해보겠습니다. 비평은 커뮤니케이션의 일종이므로, 비평을 쓰고도 다른 사람에게 보여주지 않으면 아무 의미가 없겠죠. 또한 다른 사람에게 보여줬다면 그에 대해 평가를 받아야 합니다. 다른 사람의 해석 방침을 알게 되거나 자신의 약점을 지적받는 것은 비평 실력 향상에 무척이나 도움이 됩니다. 이렇게 의견 교환을 함으로써 작품 주변에 비평을 매개로 한 커뮤니티가 생겨납니다.

이처럼 작품의 주변에 생겨나는 커뮤니티를 파악하기 위한 비평 이론으로서 '해석공동체론'이라는 것이 있습니다. 이것은 미국의 문학연구자인 스탠리 피시가 1980년에 『이 반에 텍스트는 있나요?』라는 책에서 제시한 모델입니다. 스탠리 피시는 읽는 행위를 게임처럼 생각하는 비평가입니다. '해석공동체'란 어느 작품을 해독할 때의 방침인 '해석 전략', 즉 게임 플레이 전략을 공유하는 사람들을 일종의 커뮤니티처럼 파악하는 표현입니다.

해석공동체 모델에서는 각각의 해석 전략별로 여러 해석 공동체가 만들어지며, 각기 독특한 방법으로 텍스트를 해석하며 커뮤니티 사이에서 의견을 주고받습니다. 이런 싸움을 통해 특정 해석이 우세가 되거나 열세가 되거나를 반복합니다. 이러한 해석공동체란 의식적으로 사람들이 모여 만드는 정립된 일파라기보다는 느슨하게 '저쪽에 찬성', '이쪽은 확 와닿지 않아' 등 독자가 어느 전략을 다른 것보다 좋다고 느낌으로써 자연스레 성립하는 것이라고 생각하세요. 물론 독자의 의견이 모든 부분에서 일치할 리 없으므로, 해석공동체는 하나의 큰 바위 같은 것이 아닙니다. 또한 이것은 어느 누군가가 임의로 만들어낸다기보다는 자유롭고 제멋대로인 활동을 통해 자연스레 만들어지는 것입니다.

저는 학술 논문을 쓸 때 이 해석공동체 모델을 자주 사용합니다. 거기에는 두 가지 이유가 있습니다. 첫 번째는 이 모델이 자유로운 토론을 바탕으로 한 다이내믹한 프로세스로서의 비평 방식을 잘 따르고 있기 때문입니다. 고전을 연구하다 보면 작품 평가가 시대에 따라 크게 달라진다는 점이 피부로 느껴집니다. 제가 학생으로서 영문학을 공부하기 시작했을 때로부터 교수로서 대학에서 학생을 가르치게 되기까지 불과 20여 년 사이에도 평가가 달라지거나 갑자기 유행을 타는 작품이 있었습니다. 저 또한 저와는 다른 방침에 바탕을 둔 해석을 다른 연구자로부터 제시받고, 시간이 지남과 동시에 '이쪽이 더 설득력 있네'라고 생각하기도 했습니다. 연구자로서 해석공동체 모델은 무척이나 와닿습니다.

또 한 가지는 독자가 이 모델을 염두에 둠으로써 자신들의 자유로운 토론이 작품을 둘러싼 문화를 만들어낸다고 자각할 수 있기 때문입니다. 독자는 창작자와 비교할 때 그림자 속에 존재하기 쉽지만, 1장에서 논한 롤랑 바르트나 이 스탠리 피시는 독자에게 힘을 부여해주는 비평 이론을 수립했습니다. 나비처럼 읽고 벌처럼 쓰게 될 정도의 자신감을 얻기 위해서는 이런 모델을 마음속에 새겨두는 편이 좋습니다.

해석공동체 활동에서 가장 중요한 것은 자유로운 논의입니다. 작품에 대해 의견을 주고받는 프로세스는 무척이나 흥미 넘치며, 의견 교환을 통해 커뮤니티가 활발해질뿐더러 참가자는 작품의 해석이나 가치에 대해 더욱 깊게 생각할 수 있게 됩니다. 물론 인간의 모임인 이상 즐거운 일만 있지는 않겠죠. 싸움이나 붕괴도 일어날 수 있지만, 그것은 어쩔 수 없습니다.

지금까지 네트워킹에 대한 설명에서도 의견 교환에 관해 조금 다루었지만, 여기부터는 실제로 제가 수업이나 졸업논문 지도 때 실제로 하는 방식으로 논의하는 장면을 소개하고자 합니다. 참가자는 저와 앞서도 등장한 바 있는 이지마 히로키 씨입니다. 소재는 무하마드 알리, 맬컴 엑스, 짐 브라운, 샘 쿡 네 명이 이야기를 나누며 하룻밤을 보내는 모습을 그린 〈마이애미에서의 하룻밤〉(2020)과 배즈 루어먼 감독, 레오나르도 디카프리오 주연의 스콧 피츠제럴드의 소설을 영화화한 〈위대한 개츠비〉(2013)입니다. 우선 각자 작품에 대한 비평을 쓰고, 서로의 글을 보고 코멘트를 답니다. 비평 본문이 나온 후 마지막에 코멘트가 나오니 봐주세요. 그 후 서로의 비평에 대해 구두로 토론하고 그 모습을 기록해보았습니다.

01

아름다움의
빛과 그림자

_ 레지나 킹 감독, 〈마이애미에서의 하룻밤〉 평 — 기타무라 사에

2020년의 영화 〈마이애미에서의 하룻밤〉은 동명의 무대
극을 영화화한 작품으로, 저명한 여배우인 레지나 킹의 감독
데뷔작이다. 1964년 2월, 당시에는 캐시어스 클레이라고 불리
던 무하마드 알리가 소니 리스턴을 이긴 시합 날 밤에, 무하
마드 알리(일라이 고레이 분), 인권운동가인 맬컴 엑스(킹즐리 벤
어디어 분), 뮤지션인 샘 쿡(레슬리 오덤 주니어 분), 미식축구 선
수인 짐 브라운(앨디스 호지 분)이 호텔의 한 객실에 모여 이야
기를 나눈 모습을 그렸다. 무하마드 알리와 소니 리스턴의 시
합은 역사적인 사실이며, 등장인물은 모두 실존했던 미국계
유명인이지만 ① 이 호텔에서 네 명만의 모임이 있었다는 역
사적 사실을 바탕으로 하고 있지는 않다.

호텔의 한 객실에 미국사를 수놓은 저명인사 네 명이 모
여서 가상의 대화를 펼치며, 그로부터 역사의 한 단락을 엿

볼 수 있다……라는 것은 기발한 발상처럼 보이지만, 실은 니콜라스 로그 감독의 〈사랑의 상대성〉(1965)이라는 선구자가 있다. 이것도 무대극을 영화화한 것으로, 알베르트 아인슈타인, 마릴린 먼로, 조 디마지오, 조셉 맥카시 네 명이 호텔에 모이는 이야기다. 애초에 호텔이란 장면 전환이 필요하지 않기 때문에 연극 무대로서 인기가 있으며, 역사적인 인물을 하나의 밀실에 모아보자는 생각도 그렇게까지 색다른 발상은 아니다.

〈마이애미에서의 하룻밤〉의 주제는 아프리카계 미국인의 인권과 자유다. 승리에 대해 축하 파티를 할 셈으로 모인 무하마드 알리, 샘 쿡, 짐 브라운이었지만 ② 예절 바른 맬컴 엑스 탓에 ③ 아이스크림을 먹으면서 남자들만 모이는 자리에 참석하게 되었다고 깨닫는 장면은 재미있고도 특이하지만, 그로부터 점점 넷은 흑인 남성으로서의 인생에 대해 의견이 맞부딪친다. 호전적인 정치활동가이자 융통성이 없고 진지한 맬컴 엑스와 백인 중심의 음악계에서 자신의 위치를 확보하고 후진을 키우고자 노력하는 샘 쿡이 다투는 장면은 긴장감으로 가득 차 있다.

④ 본작의 특징으로서 아름다움이라는 힘이 커다란 위치를 차지한다는 점이 있다. 무하마드 알리가 소니 리스턴을

처참히 무너뜨린 후, 자신이 예쁘고 매력적이라고 큰소리친 것은 역사적인 사실 그대로지만, 이 영화에서는 언론용 퍼포먼스뿐만 아니라 네 명 사이의 대화에서도 무하마드 알리가 자신의 아름다움에 과장되게 반한 모습을 보이며 주변을 웃기는 장면이 있다. 무하마드 알리에게는 분명 아름다움이란 단순히 용모로 환원되는 것이 아니라 자신감이나 뛰어난 복싱 실력, 독창성 등을 포함한 스타일의 문제이며, 그렇기에 아름다움이 삶의 방식에 관여하게 된다. 맬컴 엑스가 과할 정도로 샘 쿡에게 자유를 추구하는 싸움에 도움이 되도록 재능을 더 많이 사용하라고 말하는 것은 샘 쿡이 사람들을 움직이는 아름다운 노래를 빚어내는 재능으로 충만하기 때문이다. 마지막에 샘 쿡의 명곡이자 정치적으로도 큰 의미를 가진 노래인 〈A Change Is Gonna Come〉이 연주되는 것은 이 말도 안 될 정도로 아름다운 노래가 듣는 이의 마음과 사상을 움직이는 힘을 가지고 있기 때문이다. 한편 도중에 지미 브라운이 맬컴 엑스에게 흑인 사이에도 피부 톤의 짙고 엷음을 바탕으로 한 차이가 있다고 지적하는 부분은, 인간이 표면적이고 스테레오타입적인 아름다움의 개념에 사로잡히기 쉽다는 점을 암시한다. 본작에서 무하마드 알리의 복싱과 샘 쿡의 노래는 진정한 아름다움으로 사람을 움직이지만, 피부 톤만으로 단순히 아름다운지 아름답지 않은지를 나누는 사고방식은 차별이나 고통을 빚는 나쁜 고정관념으로 취급된다. 아름다움이라는 힘은 자유의 방향으로도, 차별의 방향으로도 움직인다. 〈A Change Is Gonna Come〉을 만든 샘 쿡은 아름다움의 힘을 올바르게 사용했다고 말할 수 있으리라.

[이지마 히로키 코멘트]

① Vulture에는 'yes, these four modern legends really did hang out for one night in Miami, and yes, they really did bond over vanilla ice cream.'이라고 나옵니다. 'The True Events That Inspired Regina King's One Night in Miami'에서.

→ 본문 205쪽 ①을 참조하세요.

② 종교적으로?

③ 아이스크림이 무언가의 메타포라고 생각하시나요?

④ 이 문단만 너무 긴데, 어딘가에서 단락을 짓는 것이 쉽게 읽힐 것 같아요.('한편~' 부분 언저리는 어떨까요?)

02

일어난 일은 그리지 않고, 일어나지 않은 일을 그린다

_ 레지나 킹 감독, 〈마이애미에서의 하룻밤〉 평 ─ 이지마 히로키

1964년 2월 25일, 마이애미의 한 호텔 객실에 네 명의 남자가 모인다. 복서 ① 캐시어스 클레이(후에 무하마드 알리), NFL의 대스타인 짐 브라운, R&B 싱어 샘 쿡, 그리고 네이션 오브 이슬람의 멤버였던 맬컴 엑스가 그들이다. 서니 리스턴을 격파하고 세계 헤비급 챔피언을 막 획득한 캐시어스 클레이를 축하하고자 모인 그들이었지만, 점차 인권운동에서의 자신들의 역할, 영향력에 대해 뜨겁게 토론하게 되는데……

〈소울〉의 ② 켐프 파워스가 만들었던 무대극을 영상화한 작품으로, 스파이크 리 감독의 〈말콤 X〉나 마이클 만 감독의 〈알리〉에서도 그려 왔던 위인들의 집결이라는 점에서는 켐프 파워스가 런던 공연에서 짐 브라운을 연기한 데이비드 아잘라에게 말한 것처럼 ③ '블랙 어벤져스'라 할 수 있다. 지금까지 나왔던 전기 영화의 연장선상에서 감상하면 네 명의 전

설적인 인물이 마치 후드 필름(Hood film) 느낌의 젊은이로서 그려지는 점에 한 방 먹을지도 모르지만, 철없는 막내 캐릭터인 무하마드 알리, 냉정하고 침착한 짐 브라운, 경박한 샘 쿡, 그리고 맬컴 엑스를 '오타쿠'처럼 그리는 점이 신선하고 호감이 갔다.

하지만 무조건 칭찬하기는 어렵다. 가장 큰 문제는 짐 브라운을 그리는 방식이다. 짐 브라운이 NFL 선수로서, 또한 영화 스타로서도 위대한 공적을 남기고 있는 것은 분명하지만, 동시에 소송사건(특히 여성에 대한 폭력)에도 빠지지 않는 인물이었다. 과거 C. 델로레스 터커(C. Delores Tucker)는 흑인 엔터테인먼트 업계에서 벌어지는 여성 멸시를 비판할 때 ④ "흑인 여성을 암캐(bitch)나 매춘부(whore)라고 부르는 래퍼에게 마틴 루터 킹 목사는 무슨 말을 할 것 같나요?"라고 질문했다. 후에 마틴 루터 킹 주니어 또한 여러 여성 문제를 안고 있었다는 사실이 드러나게 되지만, 〈셀마〉에서는 그의 업적을 칭송함과 동시에 그 부분도 보여줌으로써 그를 성인군자처럼 그리는 것을 피했다. 반면 본작에서는 짐 브라운의 네거티브한 면을 전혀 다루지 않고 있으며, 그저 냄새나는 물건에 뚜껑을 덮어두고 있는 듯해서 더욱 기분 나쁘다. 이 점은 데뷔작인 〈보이즈 앤 후드〉에서 "왜 언제나 여성에 대해 이야기할 때 암캐나 매춘부라고 부르는 거죠?"라고 따져 듣고, 이후 존 싱글턴 감독의 영화에서 주체성 있는 여성을 연기해온 레지나 킹이기에 가능한 타협안이 아닐까 하고 의문을 품게 된다.

또한 짐 브라운이 트럼프 지지를 표명하고, "비판만 하고 아무것도 하지 않는다"라고 ⑤ 아나운서에게 야유한 사실을 알고 있는 관객이라면 "거침없이 말하는 사람들 보면 늘 피부 톤이 밝은 흑인이더라고"라고 맬컴 엑스에게 말하는 그의 자세는, 인권활동가를 꿰뚫어보고 있다기보다는 그저 활동가에게 반발하는 냉소계처럼 보이게 한다. 이 대사는 자서전에서도 "스스로에게 흐르는 백인의 피를 증오했다"라고 말한 맬컴 엑스 자신이 발언하는 편이 그의 콤플렉스나 흑인사회에서 차지하는 위상이 효과적으로 표현되지 않았을까.

제임스 스메서스트(James Smethurst)가 R&B에 대해 "흑인의 긍지, 커뮤니티, 억압을 주제로 하고 있다"라며 초기의 예로 든 〈Chain Gang〉을 피처링한 것치고는 샘 쿡을 팝 일변도의 유행 가수처럼 그리거나, 1961년에 ⑥ 세그리게이션에 반대하며 엘리스 오디토리엄에서의 공연을 거부한 사건을 그리지 않은 것은 다소 단편적인 시각이며, 안타깝게 여기지 않을 수 없다. ⑦ 켐프 파워스의 작품에 대한 장대한 2차 창작이라는 한마디로 정리할 수도 있을 테지만, 현실의 문제는 다루지 않고 실제로 일어나지 않은 사실을 중심으로 그림으로써, 말해야 할 주제는 대강 다룰 수 있었을지 몰라도 결국은 켐프 파워스의 2차 창작의 단계에서 벗어나지 못하는 어딘지 공허한 작품이 되어버렸다.

[기타무라 사에 코멘트]

① 집필 매체의 규정에 따라서는 ( )에 배우 이름을 넣습니다.

② 여기 '각본가'라거나 하는 설명을 넣는 편이 좋지 않을까요? 감독이나 제작자랑 헷갈릴 수 있으니까요.

③ 기사가 있다면 출처를 넣습니다. *Vincent Dowd, 'Muhammad Ali play puts icons of black America on stage', BBC News.*

④ 기사가 있다면 출처를 넣습니다. *Chuck Phillips, 'Anti-rap crusader under fire', Los Angeles Times.*

⑤ 언제, 어떤 아나운서를, 어떤 상황에서?

⑥ 무언가의 인용이 아니라면 '인종 격리'라고 풀어 쓰는 것이 알기 쉽지 않을까요?

⑦ 같은 말이 마지막 문장에 적혀 있으니, 이 문장은 불필요합니다.

〈마이애미에서의 하룻밤〉에 관해 서로 이야기하다

잘 만들어진 팬픽션

기타무라: 솔직히 〈마이애미에서의 하룻밤〉의 비평은 이지마 씨 것이 재미있네요.

이지마: 고맙습니다.

기타무라: 이 작품은 저희로서는 전혀 콘텍스트를 모르잖아요. 특히 NFL 스타에서 배우가 된 짐 브라운을 아는 사람은 이 글을 읽는 사람 중에는 그렇게 많지 않을 거예요. 저도 잘 몰랐고요.

이지마: 스파이크 리가 그의 다큐멘터리를 만들었고, 또 팀 버튼의 〈화성 침공〉(1996)에도 나오거든요. 이 시대의 스포츠는 우리에게 잘 알려지지 않았기에 이것 말고는 딱히 그를 설명할 방법이 없네요.

기타무라: 조사해보니 이 짐 브라운이라는 사람은 폭행죄로 재판을 받는 등 문제가 있는 사람인 것 같긴 한데, 그것을 영화에

서 그런 인물이라는 점을 드러내며 그리는 것의 문화적인 의미를 쉽게 알기 어려워요. 그것을 제대로 콘텍스트를 제시한 후에 다룬 점이 좋았어요. 결국 캠프 파워스의 2차 창작이라는 지적에도 동의하고요. 잘 만들긴 했지만, 역시 팬픽션이구나 하는 생각이 들었어요. 살아 있는 사람에 대해 쓰는 것은 어렵고, 대스타나 어렸을 때부터 동경하던 사람의 나쁜 면을 쓰고 싶지 않기도 할 테고요. 그런 부분을 제대로 지적하고 있네요.

이지마: 팬픽션으로서는 어떤가? 하는 부분에 대해 기타무라 선생님께 묻고 싶었어요.

방향 전환이 실수를 초래한다

기타무라: 제가 쓴 〈마이애미에서의 하룻밤〉 평은 이지마 씨의 코멘트처럼 네 명의 모임이 사실에 근거하지 않았다는 것처럼 읽히네요. 이것은 매우 좋지 않아요. 실은 이것은 도중까지 다른 단면으로 쓰던 원고를 단념한 후에 글을 잘라서 붙여넣은 결과예요. 처음에는 '허구, 팬픽션, 미국의 환상'이라는 타이틀로, 그야말로 팬픽션으로서 논하려고 했거든요. 처음에는 이 영화 이후에 나온 〈미스터 존스〉(2019)나 〈그린 북〉(2018)과 비교해서 역사적인 사실을 힌트로 삼고 있긴 해도 매우 허구로 가득 찬 이야기로서 논하려고 했어요. 하지만 〈마이애미에서의 하룻밤〉은 다른 비교 대상 작품과 너무 결이 달라서 '이것은 팬픽션입니다'로는 조리가 서지 않을 것 같아서 서두만 남기고 잘라버렸어요.

해당 부분은 처음에 ① "이 호텔에서 네 명만의 모임이 있었다는 역사적 사실을 바탕으로 하고 있지는 않다. 시합이 있던 날 밤에 맬컴 엑스가 머문 호텔에서 축하연 자리가 있었고, 이 네 명이 축하연에 참석한 것은 사실이라고 하지만, 조나단 아이그(Jonathan Eig)가 쓴 알리의 전기에 따르면 그 밖에도 알리의 동생인 루디(Rudolph "Rudy" Clay)나 알리를 취재했던 사진가 하워드 빙햄(Howard Bingham) 등 많은 사람이 이 모임에 참석했다. 나아가 피터 구랠닉(Peter Guralnick)이 쓴 샘 쿡의 전기에 따르면 무슬림 관계자가 많이 와 있었고 알라신에게 승리를 감사하는 기도를 했다고 한다. 샘 쿡은 너무 감동했는지 평소보다 말이 없었다고 한다. 그것을 팬픽션처럼 크게 부풀린 것이 이 작품이다"라고 적었었습니다(아이그, 2017, 구랠닉, 2005). 이렇게 썼다면 오해가 없었을 텐데, 퇴고할 때 어떤 부분이 역사적 사실이었는지 설명한 부분을 너무 적당히 삭제해버렸어요. 이 탓에 다시 읽어보면 이 영화가 전혀 역사적 사실을 기반으로 하지 않은 것처럼 오해를 불러올 수 있는 문면이 되어버렸네요. 그야말로 대참사예요. 글이 써지지 않아서 방향성을 고민할 때 문장을 잘라내거나 하면 단락 연결에서 의미가 달라져버릴 위험성이 있습니다. 보통은 교정을 볼 때 깨닫지만요.

이지마: 그대로 블로그 같은 곳에 올리면 사람들이 화를 낼까요?

기타무라: 화를 내죠. 심한 욕을 하는 메시지가 오기도 하고요.

이지마: '허구, 팬픽션, 미국의 환상'의 서두도 보내주셨는데, 저는 이쪽도 재미있었어요.

기타무라: 솔직히 말해서 그 방향으로 쓰는 게 더 좋았을까요?

이지마: 지금 것도 좋지만, 모처럼 기타무라 선생님이 쓰시는 거니까 팬픽션에 대한 글을 읽고 싶기도 했습니다.

기타무라: 한번 단념한 것이라도 시간을 두고 다시 보면 좋게 느껴지기도 하죠. 방향성이 고민될 때의 실패 사례로서 독자분들에게 경고해야겠어요.

변하지 않는 아름다움의 힘

이지마: 기타무라 선생님의 비평은 아름다움이라는 단면과 타이틀이 명확해서, 역시 프로라고 생각했어요. 이 작품의 중심 주제니까요.

기타무라: 이 이야기에서는 아름다움이 중요하다고 생각했어요.

이지마: 영화 종반에서 '흑인의 힘'이라는 슬로건을 군이 대사에 넣었죠. 설명적이라고 느껴지는 부분도 있지만, 역시 힘이 중요한 요소라는 점을 강조하고 싶었던 것 아닐까요. 기타무라 선생님의 비평도 '아름다움의 힘'으로 끝을 맺었고, 그것이 실은 〈마이애미에서의 하룻밤〉에 꼭 들어맞는다는 점이 좋았어요. 마지막으로 샘 쿡의 〈A Change Is Gonna Come〉이 연주되는 장면은 시청자의 마음과 사상을 움직이는 아름다움의 힘을 가지고 있기 때문이라는 부분은 정말 그렇다고 생각해요. 단지 마지막에 〈A Change Is Gonna Come〉이 흐르는 것은 클리셰가 되는 면도 있는 듯합니다. 〈알리〉이든 〈말콤 X〉이든 맬컴이 죽을 때는 이 곡이 흘러나오거든요. 마지막에 아름다운 것이 나오면 이상하게 모든

면이 좋아지는 점에 납득이 가지 않는 부분이 있습니다만.

기타무라: 그렇군요. 그리고 보니 일본어판 위키백과의 〈A Change Is Gonna Come〉 항목은 이지마 씨가 제 위키백과 수업에서 만든 항목이죠.

이지마: 무척 좋아하는 곡이거든요.

기타무라: 이 곡은 인권운동 후에 동성혼의 운동에서도 찬가가 되었고, 애덤 램버트가 〈아메리칸 아이돌〉에 나왔을 때도 엄청나게 온 힘을 다해 부른 적이 있죠.

이지마: 오바마의 'Change'라는 단어도 이 곡에서 가져왔을 것 같아요. 샘 쿡은 R&B, 소울을 좋아하는 일부 사람에게는 팝 가수라고 여겨지기 쉽지만, 인터뷰를 읽어보면 그저 단순히 팝 가수라는 느낌은 아니거든요. 경찰이 버스를 세웠을 때 따지고 드는 사람이기도 하고, 세그리게이션(인종 격리)이 이루어진 곳에서는 연주하지 않기도 하고요. 분명 그런 부분이 있음에도 불구하고 네 명이 있던 그 방에서 흐르는 샘 쿡의 노래는 전부 러브송입니다. 〈A Change Is Gonna Come〉이 나오기 전까지는 정치적인 곡을 부르지 않았던 것처럼 그리고 있음에도, 도중에 맬컴 엑스가 〈Chain Gang〉에 관해 이야기하는 장면이 있죠. 샘 쿡은 이 곡은 사슬에 묶인 채 노동을 당하는 사람들을 보고 썼다고 말했고, 충분히 프로테스트 송(protest song)으로서 성립함에도 불구하고, 작품 안에서 그려지는 방식이 일관되지 않다는 점이 영 마음이 찜찜합니다.

기타무라: 그 장면은 맬컴 엑스가 〈Chain Gang〉의 무엇에 감동했는지 그다지 확실히 드러내지 않은 기분이 들었어요. 정치적

인 곡으로서의 잠재력이 있다고 생각했기에 '조금 더 그런 노래를 불러라'라고 말한 건지, 아니면 사람을 동원하는 샘 쿡의 카리스마에 감동해서 조금 더 정치적인 곡을 쓰라고 말한 건지, 어느 쪽인지 저도 알 수 없었어요.

이지마: 기타무라 선생님의 비평을 읽고 나서 다시 영화를 보니, 맬컴 엑스는 분명 샘 쿡의 음악이 사람들에게 주는 영향력의 아름다움에 대해 말하고 있던 것 아닐까요. 샘 쿡의 노래는 블랙 피플이 본래 가진 아름다움을 강조하는 것이니까요.

기타무라: 네, 그런 것 같네요.

이지마: 그 문맥으로 보면 맬컴 엑스가 말한 것은 후자의 사람을 동원하는 힘 쪽으로도 해석이 되네요. 〈Chain Gang〉은 프로테스트 송으로서는 이 영화에서는 평가받지 못하죠.

기타무라: 아름다움의 힘 쪽에 치우친 곡이라는 말이군요. '아름다움은 힘이다'라는 면에서 볼 때, 지금 말한 것은 문제가 있는 이야기 같네요. 그건 분명 힘이기는 하지만, 차별의 방향성으로 가버리기 쉬운 힘이니까요.

이지마: 그렇네요.

기타지마: 그에 더해서 안정되지 않은 힘이라고 생각해요. 다만 샘 쿡의 〈A Change Is Gonna Come〉은 안정된 아름다움이라는 힘을 언제나 유지하고 있기에 미국인이 쉽게 받아들이는 게 아닐까 싶습니다.

네 명이 과연 미국사를 수놓았는지

이지마: 기타무라 선생님의 비평에서 짐 브라운이 맬컴 엑스에게 흑인 사이에도 피부 톤의 진하고 옅음을 바탕으로 한 차별이 있음을 지적하는 이야기가 나오는데, 이것은 W. E. B. 듀보이스가 말하는 것과 맥을 같이 하죠.

기타무라: 그런 것 같아요. 이것은 꽤 예전부터 이루어진 논의죠.

이지마: 듀보이스의 『재능 있는 10분의 1(The Talented Tenth)』(1903)에서는 흑인의 인권운동은 백인 아버지를 둔 피부 톤이 밝은 흑인이 견인해왔다고 논합니다. 이런 텍스트도 언급하며 비평을 써주시면 다양한 정보를 얻을 수 있어서 재미있지 않을까요? 그리고 "미국사를 수놓다"라고 쓰셨는데, 이 사람들이 실제로 미국사를 수놓은 사람들인가 하는 문제가 있죠.

기타무라: 그렇기는 하죠.

이지마: 참 뭐라고 단언하기가 어렵네요. 이 네 명이 미국사를 수놓았는지 어떤지. 역시 아인슈타인과 마릴린 먼로와 비교하면 그다지 수놓았다고는 할 수 없죠. 그보다는 백인만의 미국사라는 것에 채색을 더하려고 한 것 아닐까요. 그래도 결국 지금 상황을 보면, 그다지 수놓아지지는 않았다고 여겨지지만요. 〈마이애미에서의 하룻밤〉의 무대로부터 반세기가 넘었지만 흑인 차별의 상황도 변하지 않았고, 〈A Change Is Gonna Come〉이 목표로 한 'Change'는 전혀 이뤄지지 않았으니까요.

기타무라: 분명 그렇네요. 그리고 '수놓다'를 영어로 번역할 때 'color'라는 말을 쓰면 미묘한 분위기가 되니까 어렵겠어요.

이지마: 맞네요. '수놓다'는 다른 말로 바꾸는 것이 좋겠어요.

기타무라: 그럴게요. 제 세미나에서는 언제나 작품에 관해 이야기하고 서로가 쓴 비평의 개선점을 지적하고 끝나지만, 이번 이지마 씨의 비평은 그렇게 고칠 부분이 없어요. 마지막 단락에서 '켐프 파워스의 2차 창작'이라는 지적이 두 번 나오기에, 그 반복을 생략하고 강조하면 힘있게 끝맺을 수 있을 것 같아요. 나머지는 '세그리게이션' 등 몇 개의 단어에 설명을 넣는 것뿐입니다. 제 비평은 잘못 잘라내서 이상해진 서두 부분을 고칠게요.

03

아메리칸드림 따위에는
관심 없는 우리를 위해서

_ 배즈 루어먼 감독, 〈위대한 개츠비〉 평―기타무라 사에

1920년대의 롱아일랜드에서 대저택에 몰려든 사람들이 밤새 블랙 아이드 피스(The Black Eyed Peas)의 퍼기(Fergie)가 부르는 노래에 맞춰서 수영장에서 미친 듯이 춤을 춘다. 밴드가 연주하고 색종이가 흩날리며 마티니와 향수 냄새가 풍기는 가운데, ① 토비 맥과이어가 연기하는 〈위대한 개츠비〉의 화자 닉이 자신을 초대해준 저택 주인 개츠비에 대한 소문을 떠든다. 지금까지 얼굴이 드러나지 않았던 닉의 대화 상대가 뒤돌아보더니 자신이 개츠비라고 말하며 화면을 향해 건배한다. 개츠비를 연기하는 레오나르도 디카프리오의 반짝이는 웃는 얼굴이 화면으로 클로즈업되고 뒤로 보이는 밤하늘에는 화려한 불꽃이 쏘아 올려지며 지금까지 의미심장하게 조금씩 커지던 조지 거슈윈의 〈랩소디 인 블루〉가 클라이맥스에 이른다. 닉은 이내 개츠비에게 빠져들고 만다. 불

꽃과 함께 닉의 마음이 순식간에 넘어간 것이다.

배즈 루어먼 감독의 2013년도 영화 〈위대한 개츠비〉의 스타일은 이 닉과 개츠비가 만나는 장면에 집약되어 있다. 이 영화에서는 뭐든 과도하게 화려하며 연극조다. 이야기가 움직일 때는 음악이 팡 하고 울리거나 화면이 꽃이나 울긋불긋한 셔츠로 가득 차는 등 어찌 되었든 화려하다. 개츠비가 등장하는 장면은 계단의 위아래 공간을 제대로 사용하기 때문에 마치 가부키나 오페라에서 주연배우나 프리마돈나가 등장하는 장면처럼 보인다.

〈위대한 개츠비〉는 스콧 피츠제럴드가 1925년에 쓴 동명 소설의 영화판이다. 재즈 에이지의 미국을 무대로, 어디에선가 나타난 부호 개츠비가 과거의 연인 데이지를 되찾으려는 모습을 데이지의 사촌 닉의 눈을 통해 그리고 있다. 본작은 미국 문학 굴지의 명작이라고 불릴 뿐 아니라 몇 번이고 영화화되는 등 미국인들이 무척이나 좋아하는 소설이다.

이 소설이 미국에서 특별한 지위를 차지하는 것은 누구든 성공할 수 있다는 아메리칸드림의 실현과 좌절을 극명하게 그린 작품이기 때문이다. 빈곤한 환경에서 입신출세한 개츠비는 아메리칸드림의 체현자라 할 수 있지만, 그가 바라는 것은 그저 연인의 사랑이었다. 화려한 성공과 그로부터 추락

하는 모습을 그린 『위대한 개츠비』는 미국인의 심금을 울리는 작품으로 계속해서 존재하고 있다.

하지만 미국에 살지 않는 사람에게 아메리칸드림이란 딱히 모두에게 흥미로운 주제인 것은 아니다. 미국인이 공유하는 신화 같은 이야기일 뿐이다. 적어도 이 리뷰의 저자인 나는 ②『위대한 개츠비』는 문장은 훌륭할지 모르지만, 이야기로서는 딱히 재미있다고 느낀 적이 없었다.

호주인인 배즈 루어먼의 〈위대한 개츠비〉는 그야말로 이러한 아메리칸드림에 흥미가 없는 인간을 위한 영화다. 이 영화는 1920년대라는 화려한 광기의 시대를 현대인의 감각으로 묘사하면 어떨지를 생각하고, 그곳을 무대로 한 남녀의 미칠 듯한 사랑과 그것에 경탄할 수밖에 없는 방관자를 그릴 뿐이다. 현대의 음악이 다수 사용되었고, 편집은 이상할 정도로 빠르고 현란하며, 화면은 어디든 가득 차 있다고 말해도 좋을 정도로 미려하다. 과도한 화려함 속에서 정열과 증오가 폭주하고 비극으로 치닫는다.

배즈 루어먼은 어떤 소재이든 화려하고 정열적인 사랑 이야기로 만드는 감독이다. 이 영화는 스콧 피츠제럴드 작의 『위대한 개츠비』는 아닐지도 모르지만, ③두말할 것 없이 그야말로 배즈 루어먼 감독의 작품이다. 그리고 아메리칸드림에 흥미가 없는 본 리뷰의 저자는 이 영화를 보고 처음으로 지금까지 잘 이해하지 못했던 『위대한 개츠비』가 보편적인 매력을 가진 러브 로맨스라는 점을 알게 되었다. 배즈 루어먼 감독과 레오나르도 디카프리오에게는 감사를 표하고 싶다.

[이지마 히로키 코멘트]

① 설명적이 될 우려가 있지만, 영화를 보지 않은 사람은 닉의 독백이 누구에게 말하는 것인지 알 수 없을지도 모릅니다.

② 주제에서 벗어나지만, 원작이 가진 문장의 훌륭함이 어떤지 번역판밖에 읽지 않은 저로서는 신경 쓰였습니다.

③ 본작이 배즈 루어먼의 영화다움에도 불구하고, 마찬가지로 레오나르도 디카프리오가 주연한 〈로미오와 줄리엣〉만큼 세간의 평가가 좋지 않은 이유를 다루면 좋겠습니다(원작과 배즈 루어먼 요소의 궁합이 좋지 않은가? 등).

허구 속의
허구

_ 배즈 루어먼, 〈위대한 개츠비〉 평─이지마 히로키

청년 닉은 신경정신과 치료의 일환으로서 과거를 회상한다. 혼란스러운 1920년대 미국, 뉴욕 교외의 고급주택가에 집을 빌린 그는 옆의 대저택에 사는 남자가 억만장자인 개츠비라는 사실을 알게 된다. 수수께끼로 둘러싸인 개츠비는 알고 보니 닉의 사촌 데이지의 옛 연인이며, 그녀의 사랑을 되찾기 위해 크게 성공을 거두고 매일 밤 호화로운 파티를 열고 있다. 닉은 개츠비와 데이지의 재회를 위해 힘이 되어주기로 한다.

"구경만 할 거야? 아니면 경기에 뛰어들래?" 마찬가지로 2013년에 공개된 ① 〈페인 앤 게인〉에서 켄 정이 말하는 대사(미국 사람은 '하는 사람'과 '하지 않는 사람' 둘 중 하나입니다)나 〈더 울프 오브 월 스트리트〉에서 레오나르도 디카프리오가 말하는 대사(나는 부자와 가난뱅이, 다 살아봤는데, 언제나 부를 택할 겁니다)를 떠오르게 하는 이 말은 본작에서 톰이 닉을 파티에 꼬드길 때의 대사다. 지금이건 옛날이건 변하지 않는 아메리칸드림을 상징하는 이 말에 기인하여 닉은 제이-지& 카니예 웨스트(JAY-Z&Kanye West)의 〈Who Gon Stop Me〉를 배경으로 ② 만취 상태에 빠진다. 문득 시선을 느끼고 창밖을 바라보자, 거기에 있는 것은 또 한 명의 자신이었다. ③ "돈을 벌고 있어도 넌 그저 해설자에 불과해. 내가 아는 거리에서 온 애들, 다 공통된 안티들이 있다지"라는 카니예 웨스트의 가사는 경기에 뛰어들기로 한 닉이 방관자인 또 한 명의 자신에게 말하는 듯하지만, 동시에 극빈한 가정에서 태어났지만 성공하여 제이 개츠비라는 얼터 에고를 만들어낸 제임스 개츠와도 겹쳐진다. ④ 척 팔라닉이 소설 『파이트 클럽』을 『위대한 개츠비』의 현대판이라고 정의한 바와 같이, 자본주의와 소비사회에 있어서 실존하지 않는 타자의 시선, 혹은 다른 자신을 상정하고 아이덴티티가 분열하는 것은 두 작품의 공통된 주제다. 주말마다 열리는 호화로운 파티는 극중 톰이 지적한 것처럼 상류 계급의 욕구를 북돋우고 월가의 중진을 빚의 지옥에 빠뜨릴 목적도 있다. 이 향연은 ⑤ 계급제도라는 사회 시스템을 뒤흔들어주겠다는 남자의 결의 표명이다. 이 점에서 개츠비는 타일러 더든의 원형이라고 할 수 있으리라.

하지만 언제나 사람의 좋은 면을 보는 닉은 개츠비 안에서 '희망을 발견하는 능력'을 느낀다. 닉이 개츠비에게 끌리는 것은 그가 계급의 유동성이라는 아메리칸드림의 허구를 계속해서 믿는 몽상가이자, 그것은 유복한 가정에서 자란 닉으로서는 결코 가질 수 없는 이상이기 때문이다. 개츠비는 필사적으로 데이지 ⑥ 데이지(추국(雛菊))라는 희망을 좇아서 아메리칸드림이라는 허구를 실현하기 위해 허구투성이의 축제를 만들어낸다. 그런 개츠비의 세계를 배즈 루어먼은 훌륭히 영화화했다. 강렬한 색채감, 끊이지 않고 움직이는 카메라와 재빠른 편집으로 호화찬란한 파티를 비추는가 싶더니, 반대로 느리게 질질 끌면서 야단법석한 쾌락에서 ⑦ 이윽고 고통으로 관객을 유인한다. CG와 3D 연출은 파티의 매력을 끌어올림과 동시에 개츠비라는 남자의 허울로 가득 찬 느낌과 공허함을 상징한다. 그리고 과도한 연출로 인기를 끈 ⑧ 배즈 루어먼이 자신의 필모그래피를 돌이켜보며 메타적으로 자기비판을 하는 것처럼 여겨지는 점도 흥미롭다. 〈위대한 개츠비〉는 ⑨ 다양한 허구 속의 허구를 떠오르게 하는 작품이다.

[기타무라 코멘트]

① 이 부분, 무언가 조금 더 선행 작품의 콘텍스트를 간략하게 설명

해두는 편이 좋겠네요.

② 어째서?

③ 직접 번역한 것이 아니고 다른 사람의 번역을 가져온 것이면 출처 명기. 번역문은 힙합엘이 사이트(https://hiphople.com/lyrics/139094)에서 인용

④ 출처가 있다면 명기.

⑤ 이건 계급제도 자체를 망가뜨리려고 하는 건가요, 아니면 계급제도 자체는 보존한 채로 자신이 거기에서 성공하고 싶은 건가요?

⑥ 이 부분. 왜 괄호 안에 꽃의 이름을 한자어로 적은 건지 알 수 없네요. 그 의미를 제대로 논하는 편이 좋겠어요.

⑦ '이윽고 찾아오는 고통'은 어떨까요?

⑧ 영화 자체가 허구이며, 특히 배즈 루어먼이 '허구'에 가까운 영화를 만들고 있다는 점을 지적하는 것이 좋겠어요. 타이틀과도 관계가 있으니까요.

⑨ 이 부분. 두 번째 단락에서 다른 영화와의 비교를 통해 계급 시스템이나 자본주의 자체가 허구라는 점을 나타내고, 마지막 단락에서는 또 다르게 영화 자체가 허구투성이라는 내용을 도입하고 있지요? 이 두 가지가 '다양한 허구'라는 점을 전체적으로 명확히 해가면서 쓰는 편이 좋겠습니다.

〈위대한 개츠비〉에 관해
서로 이야기하다

일부러 형태에 끼워 맞추지 않는다

이지마: 〈위대한 개츠비〉는 쓰기 너무 어려웠어요.

기타무라: 어떤 부분이 어려웠나요?

이지마: 단면을 찾는 부분이요. 원작이 있는 작품이고, 이미 비평이 넘쳐흐르니까요. 직전에 〈파이트 클럽〉(1999)를 보고 있었기에 이것은 〈파이트 클럽〉과 꽤 비슷하다고 새삼 생각한 부분부터 쓰기 시작했습니다. 다만 나중에 보니 원작자인 척 팔라닉 본인이 소설 개정판 후기에서 "이것은 현대판 개츠비다"라고 말했더라고요. 조사하지 않았다면 좋았을 걸 하고 생각했어요(팔라닉, 2015).

기타무라: 아니에요. 그걸 조사한 점이 좋았어요. 이지마 씨의 비평을 읽고 의문이 들었는데, 〈파이트 클럽〉은 계급제도를 근본부터 파괴하고 싶은 사람들의 이야기지만 〈위대한 개츠비〉는 계

급 자체를 부수고 싶은 것인지 계급제도를 보존한 채 내부 유동성을 높이고 싶은 것인지 모르겠더라고요. 어느 쪽일까요?

이지마: 개츠비는 계급제도 속으로 침식해 들어가고 싶은 사람이 아닐까 생각했어요.

기타무라: 흠. 나오는 상류 계급의 사람들은 그다지 좋게 그려지지 않는데 말이죠.

이지마: 그렇긴 하죠.

기타무라: 다만 개츠비는 혁명가는 아니에요. 파이트 클럽은 혁명가나 테러리스트지만요.

이지마: 폭력 혁명이죠, 그건.

기타무라: 그러니까 이 두 작품이 과연 어느 정도 닮은 걸까 하고 생각했어요.

이지마: 기타무라 선생님의 비평에서 좋았던 점은 배즈 루어먼이 어느 정도로 과도한지에 대해 제대로 과도하게 쓰신 부분이에요. 과도한 경우에는 문장도 과도하게 쓰는 것은 배울 만한 점인 것 같아요.

기타무라: 어떤 영화인지 알 수 있게끔 쓰고자 했으니까요. 이것은 일부러 이 책의 3장까지 제시한 정형에 따르지 않게끔 쓴 것이에요. 처음에 작품 정보를 제시하지 않고, 갑자기 영화 속으로 들어가는 방법을 시도해봤죠. 한편으로 이것은 2장에 나온 성적 기호를 사용한 비평이기도 합니다. 제가 레오나르도 디카프리오를 무척 좋아하기에 이런 식으로 시작한 것이거든요. 그리고 한 가지, 이 서두의 묘사에는 사실 영화에 그려지지 않은 것이 들어 있어요. 마티니와 향수 냄새는 알 수 없죠. 영화를 보고선요.

이지마: 그렇죠.

기타무라: 일부러 화면만으로는 추측하기 어려운 것을 써보려고 생각했어요. 이 책에서 제시한 '쓰는 방법'을 따르는 부분과 따르지 않은 부분을 둘 다 넣어봤어요.

거동이 수상한 개츠비

이지마: 배즈 루어먼 감독의 작품은 그림은 과한데도 품격이 느껴지죠. 저는 조금 더 저급한 작품을 좋아하기에 배즈 루어먼 감독은 그렇게 좋아하지 않지만, 의외로 〈위대한 개츠비〉는 좋았어요. 다만 그것을 설명하려고 하면 레오나르도 디카프리오에 대한 칭찬으로 집약되어버리는 느낌이 들더라고요. 너무 '레오나르도 디카프리오가 좋다'라고만 쓰는 것도 이상해서 새로운 단면을 찾기가 괴로웠어요.

기타무라: 저도 꽤 고민한 부분이에요.

이지마: 지금까지 배즈 루어먼 감독의 작품에서는 조금 더 등장인물에 호감이 갔었어요. 그런데 〈위대한 개츠비〉는 무슨 생각을 하는지 알기 어려운 사람밖에 나오지 않아서, 어째서 이렇게 되었는지 기타무라 선생님의 비평으로 알고 싶었어요.

기타무라: 잠시 〈위대한 개츠비〉를 〈트랜스포머〉와 비교할까 하다가 그만뒀어요.

이지마: 분명, 여자에게 익숙하지 않은 사람이 쓸데없는 짓을 벌이다가 귀찮은 일에 휘말린다는 이야기였죠.

기타무라: 맞아요. 〈트랜스포머〉의 줄거리는 '여자의 마음을 끌고자 생각해서 거동이 수상한 소년이 쇼핑을 했는데, 그것이 로봇이었습니다'라고 설명할 수 있는데, 이것은 '여자의 마음을 끌고자 거동이 수상한 청년이 쇼핑을 했는데, 그것이 대저택과 파티였습니다'라는 이야기인 〈위대한 개츠비〉와 그다지 다르지 않거든요. 이런 작품에 나오는 고등학생 남자아이는 '뭐야 이 녀석, 너무 모자란 거 아니야?' 같은 느낌이 드는데, 개츠비도 그런 것일지도 모르죠.

이지마: 서두의 등장 신과 시계를 부술 때 수상한 거동을 보이는 장면, 데이지의 스크랩북을 보여주는 장면은 레오나르도 디카프리오가 아니면 불가능하겠죠.

기타무라: 그가 아니었다면 싫은 느낌이 들었을 것 같네요.

이지마: '이거 그냥 스토커 아니야?'라고 생각했겠죠. 레오나르도 디카프리오와 배즈 루어먼을 전부 좋아하는 기타무라 선생님만의 '레오나르도 디카프리오가 이 세상에 태어나서, 이 역을 연기한다는 기적!'이라는 비평도 읽어보고 싶네요.

기타무라: (웃음) 성적 기호에 대한 억압이 작동했기에 지금의 형태가 된 것 같아요. 스스로 분석하면, 최초 단락은 취향이 너무 개입돼 '레오나르도 디카프리오의 반짝이는 웃는 얼굴' 같은 문장을 써버렸는데, 그 후에는 조금 억누르며 쓰고자 했습니다.

이지마: 더 들어가면 페티시가 되어버릴까요?

기타무라: 그렇지 않을까요?

이지마: 기타무라 선생님은 이번 비평에서는 배즈 루어먼에 대해 논하는 것이 목적이셨나요?

기타무라: 아메리칸드림의 해체와 감독이 미국인이 아니라 배즈 루어먼이라는 점이 어떻게 관계를 맺을까라는 주제를 생각했는데, 어느 쪽인가 하면 아메리칸드림이 먼저였어요. 다만 아메리칸드림에서 〈위대한 개츠비〉는 이미 수없이 논의되고 있기에, 어쩌면 배즈 루어먼을 더 부각해도 좋았을 것 같네요. 한편 이번에는 계속 음악 이야기를 해도 좋았을 것 같아요. 제이-지의 음악이라거나 화면마다 어떤 음이 깔리는지를 세세하게 쓴다거나요. 의상만 이야기하는 것도 〈위대한 개츠비〉라면 가능할 테고요.

원작이 있는 작품의 비평

기타무라: 일반적으로는 원작이 있는 작품에 대해서는 원작과 달라진 부분에 주목하면 영화팀의 노림수를 발견하기 쉽죠. 원작의 플롯에 있는 전개가 없다거나, 반대로 추가된 부분 등을 보면요. 다만 『위대한 개츠비』는 몇 번이고 영화화되기도 했고, 원작이나 선행 작품과의 비교로 논하기는 어려워요. 과거의 영화도 찬반양론이 있는 작품이 많으므로, 배즈 루어먼의 〈위대한 개츠비〉는 별로라고 생각하는 사람도 1974년의 로버트 레드퍼드와 미아 패로우가 주연한 〈위대한 개츠비〉는 좋다고 생각할지도 모르죠. 어느 쪽이건 원작에서 그다지 많이 벗어나려고는 하지 않았지만, 배즈 루어먼 쪽이 시각적, 음악적 임팩트가 완전히 원작과 다른 인상이기에 어느 쪽이 원작에 가까운지 논하기도 어려울 것 같고요.

이지마: 만드는 측이 저자의 의도에 사로잡히지 않은 경우, 비평하는 측도 사로잡히지 않는 편이 좋다는 말이네요.

기타무라: 네, 맞아요. 미국 문학사에서 스콧 피츠제럴드가 차지하는 위상에 대해 배즈 루어먼이 어느 정도 관심이 있는지 생각해봐도 알기 어려우니까요. 셰익스피어나 오페라를 번안할 때는 반드시 새롭게 해석해야 한다는 압박이 강하기에, 무대 출신인 배즈 루어먼은 그 관습을 〈위대한 개츠비〉에도 반영한 듯해요. 다만 배즈 루어먼의 경우, 보다 해석이 어려운 부분이 있어요. 이 사람은 뭐든 무척이나 화려하게 만드는데, 그것이 상업적 요청에서 온 것인지, 아니면 진심으로 배즈 루어먼이 그것을 좋아하는지, 보는 쪽은 잘 알 수 없으니까요.

이지마: 배즈 루어먼 감독이 만드는 영화의 주제는 일관되어 있지 않죠.

기타무라: 어찌 됐든 정열적인 연애를 좋아한다는 것은 분명해 보이지만, 그것 말고는 없죠.

이지마: '이 감독은 어떤 생각으로 이 주제를 골랐는가'라는 쪽이 비평을 쓰기 쉬운데, 배즈 루어먼 감독의 작품은 꽤 곤란하네요.

우선 주제를 확실히 제시한다

기타무라: 이지마 씨의 비평은 제2단락에서 〈페인 앤 게인〉, 〈울프 오브 더 월 스트리트〉와 비교를 했는데, 그 의도를 알 수 있게 쓰려면 어떻게 하면 좋을지 고민해볼 필요가 있을 것 같아요.

이 선행 작품들은 어떤 작품인지, 조금 더 정성껏 콘텍스트를 쓰는 편이 좋겠어요.

이지마: 알겠습니다.

기타무라: 저는 세미나에서 '초보자는 다른 작품과 비교하는 것을 추천합니다'라고 자주 말하지만, 비교할 때는 어떤 영화이며 비교 대상과 어떤 공통점이 있는지 알 수 있도록 쓰는 것이 중요해요. '이쪽이 이런 점에서 뛰어나다'라는 이야기를 할 때 사용하는 편이 좋겠죠. 〈마이애미에서의 하룻밤〉의 비평에서 〈셀마〉, 〈보이즈 앤 후드〉와 비교했던 부분은 무척이나 효과적이었어요. 그런데 세 번째 단락의 '데이지(추국(雛菊))'라는 부분은 나중에 무언가 쓰려고 했던 것이었나요?

이지마: 네, 맞아요. 작중에서 '희망'이라는 단어가 숱하게 나오는데, 데이지의 꽃말이 희망이거든요. 데이지가 국화꽃의 한 종류이며, 여기부터 트로피 와이프(trophy wife)로서의 데이지에 관해 쓰려다가 말았더니 그 부분이 남아버렸네요.

기타무라: 그렇군요. 그렇다면 내용을 발전시키거나, 그렇지 않다면 '추국' 부분은 지웠어야 하겠네요. 나머지는 허구라는 주제를 확실히 드러내는 편이 좋았을 거 같아요. 두 번째 단락에서 다른 영화와 비교를 통해 계급 시스템이라거나 자본주의 자체가 허구적이라는 이야기를 하고, 마지막 단락에서는 영화 자체가 허구라는 방향성으로 끌고 가려고 했지만, 이 '다양한 허구'가 주제라는 점을 조금 더 명확하게 강조해서 쓰는 편이 좋겠어요. 지금대로여도 마지막까지 읽으면 의미를 알 수는 있지만요. 예를 들어 비평의 서두에서 닉의 회상 이야기를 하고 있는데, 이 회상 자

체가 얼마만큼 진짜인지 잘 알기 어렵죠. 이 부분에서 '닉이 말하는 것 자체가 수상쩍다'라는 형태로 허구라는 주제를 더욱 드러낸다거나, 각 단락에서 허구에 관해 이야기하는 것이 좋을지도 모르겠네요.

: 참가자 모두가 즐기자

지금까지 코멘트와 논의의 프로세스를 보여드렸는데, 이러한 토론을 할 때 가장 중요한 것은 참가자 모두가 즐겨야 한다는 점입니다. 뭐든 좋아하는 것을 말해도 좋고, 그 자리에서 생각난 분석의 포인트를 계속 꺼내도 좋습니다. 비평의 문제점을 지적받았을 때는 순순히 받아들이세요. 그리고 논의가 끝난 후에는 자신의 비평을 다시 보며 지적받은 개선점을 체크해보고, 가능하면 그것을 고쳐 써봅시다.

토론은 즐겁다는 점만으로도 가치가 있지만, 만약 여러분 중에 장래 프로 작가가 되고 싶은 분이 있다면, 이것은 쓰는 힘을 배양해준다는 점에서도 큰 의미를 지니는 프로세스이기도 합니다. 상업 매체에 글을 쓸 기회를 얻었을 때, 편집자의 회신 코멘트에 대응할 준비도 되기 때문입니다. 이런 토론을 통해 코멘트를 받는 것에 익숙해지면, 엄격하게 지적을 받았다고 해서 의기소침해지지 않고 개선의 힌트로 받아들이기 쉬워집니다. 또한 다른 사람의 비평에 대해 코멘트하는 능력도 키워지므로 편집자로서의 기술도 몸에 익힐 수 있습니다.

나, 우리 / 나, 와아!
(Me, We / Me, Whee)

위의 인용문은 무하마드 알리가 1975년에 하버드대학에서 행한 강연에서 관중의 요청을 받고 즉흥적으로 만든 시입니다. 두 단어밖에 되지 않는 단순한 시지만, 입으로 말한 시이기에 철자가 일정하지 않다 보니 의미 또한 일정하지 않고 해석이 어렵습니다. '미, 위'라는 이 구두로 된 시를 영어로 쓰면 'Me, We'(나, 우리)와 'Me, Whee'(나, 와아!)라는 최소한 두 종류의 가능성이 있습니다. Me의 뒤를 쉼표로 할지, 의문부호로 할지, We의 뒤에 느낌표를 넣을지 말지를 생각하면 조금 더 선택지가 많아집니다.

사회에서의 교육의 역할에 관한 강연이었다고 하므로 전자의 철자가 어울릴 것 같지만, 후자의 철자는 자신감을 가지는 것을 중요시했던 무하마드 알리에게 제격입니다. 전자라면 커뮤니티의 단결, 후자라면 자기 스스로에게 자신감을 갖는 것이 주제지만, 그런 얼핏 상반되는 내용이 될 가능성이 소리의 애매함 탓에 하나의 시에 모두 포함되어 있기에 이 시는 무척이나 멋집니다. 자기 자신에게 자신감을 갖는 것도, 커뮤니티를 활성화하는 것도 둘 다 중요한 일입니다. 여러분도 자기 자신에게 자신감을 가지면서, 비평이 커뮤니케이션의 수단이라는 점도 인식한 채로 비평을 즐겨주셨으면 합니다.

지금까지 비평 수업을 이어왔습니다. 앞에 무하마드 알리가 자기 자신에 대해 읊은 시를 인용했기에, 마지막은 이 책의 저자인 저 자신에 관한 액티비티를 행하며 책을 마무리 지을까 합니다. 지금까지 여러분은 텍스트로부터 저자가 숨기고 있는 것을 독해하는 기술을 배워왔습니다. 이 책을 읽고 이 저자가 숨기고 있는, 즉 명시적으로 말하지 않았지만 아마도 그렇지 않을까 하고 추정할 수 있던 것이 있나요?

* * *

아마도 다양한 것이 떠올랐으리라 생각하는데, 분명 가

장 먼저 눈에 띄는 것은 에피그래프(epigraph. 이른바 '제언'. 문단의 서두에 인용하는 어구)의 출전이 편향되어 있다는 점입니다. 이 책은 각 항목의 서두에 반드시 제언이 들어 있는 조금 독특한 구성이지만, 저자의 선공인 셰익스피어를 포함한 영문학 작품과 학술 문헌 외에는 인용의 출전이 상당수 서양 음악에 편중되어 있습니다. 이 책의 분석 대상은 영화, 연극, 소설임에도 음악이 많이 나오는 것을 보아 저자에게는 무언가의 취향이 있다고 여겨지며, 그것도 그 선택이 뒤죽박죽입니다.

저자는 19쪽에서 폴리스, 114쪽에서 킹크스, 129쪽에서 엘라스티카, 159쪽에서 롤링 스톤스의 가사를 제언에 인용했으며, 65쪽에서는 제언이 아니라 본문에서 데이비드 보위의 이야기를 하고 있으므로, 영국의 록을 편애하고 있다고 여겨집니다. 특히 이 중에서는 엘라스티카가 이채롭습니다. 다른 유명한 가수와 비교할 때, 엘라스티카라는 가수는 브릿팝을 즐겨 듣는 사람이 아니면 인용하지 않을 것 같으므로, 저자는 이 분야에 일가견이 있는 것처럼 보입니다.

그것을 제외한 서양음악의 인용 경향은 제각각입니다. 65쪽에서 인용한 테일러 스위프트가 미국의 팝, 80쪽에서 인용한 매클모어와 211, 223쪽에서 〈위대한 개츠비〉에 관해 다루면서 언급한 블랙 아이드 피스와 제이-지가 힙합, 97쪽에서 인용한 〈록키 호러 쇼〉는 뮤지컬, 121쪽에서 인용한 미라클스가 모타운(디트로이트에서 탄생한 소울음악을 이르는 말—옮긴이), 141쪽에서 인용한 아바는 스웨디시 팝, 48쪽의 본문에서 언급한 리하르트 슈트라우스의 〈장미의 기사〉와 211쪽에 나오는 거슈윈의 〈랩소디 인 블루〉는 클래식으로, 저자는 음악에 대해서는 무척이나 잡식성이라는 점이 엿보입니다. 뭐든 듣긴 하지만, 그중에서는 영국 록을 가장 좋아한다고 보면 되겠네요.

하지만 가장 주목해야 하는 점은 66쪽에서 레너드 스키너드를 인용했고, 더욱이 꽤 길게 분석했다는 점입니다. 레너드 스키너드는 서던록 밴드지만, 본문에도 언급한 것처럼 꽤 정치적으로 논의가 있는 밴드로, 팬층은 주로 미국(특히 남부)의 록 팬이며, 솔직히 일본에 살고 영문학이 전공인 페미니스트 연구자가 좋아서 들을 만한 밴드는 아닙니다. 그런데도 인용해서 제대로 분석한다는 점을 보면 이 저자는 분명 상당히 이 밴드를 중요하게 여기고 있습니다. 정치적으로는 그다지 찬동하지 못해도 사운드의 만듦새라거나 연주 기술을 높게 평가하는 것인지, 혹은 미국의 대중음악을 말하는 데 극히 영향력이 큰 밴드라고 생각할지도 모릅니다.

…… 이처럼 꽤 세세히 이 책에서 언급된 음악을 정리해 봤는데, 실은 이것은 이 책의 저자의 비밀스러운 음악 취미를 밝혀내는 것 외에도 사용할 수 있는 비평 전략입니다. 앞선 장에서 언급한 배즈 루어먼은 물론, 에드거 라이트나 제임스 건 등의 영화를 분석할 때는 영화에 나오는 음악을 하나씩 찾아서 분석하는 것만으로도 꽤 많은 것을 알 수 있습니다. 소설가 중에서도 브렛 이스턴 엘리스나 무라카미 하루키를 분석할 때 사용할 수 있겠죠.

자, 이처럼 이 책의 후기는 단 두 단어로 된 시에서 시작해서 이 책 전체라는 긴 문장에 대한 분석으로 갈음하고자 합니다. 여러분도 저자가 숨기고 있는 것을 찾아 다양한 작품을 즐겁게 파고들고 그 성과를 다른 사람과 나누어보세요. 이 책을 읽어주신 여러분이 나비처럼 읽고 벌처럼 쓰게 되기를 마음속 깊이 바랍니다.

※ 이 책 집필에 있어서 영감을 주신 2018년도 무사시노대학 영어권문화 세미나에 참여하신 분들과 힌트를 주신 니혼대학의 구보타 히로유키(久保田裕之) 선생님께 감사를 표합니다. 또한 나가이 다이스케(永井大輔) 씨에게도 감사드립니다. 한편 이 책의 일부는 JSPS 연구비 19K13117의 성과 부산물입니다.

○ 옮긴이의 글

사람들은 믿음이 부족하기에 도전하길 두려워하는바, 나는 나 자신을 믿는다.
(It's lack of faith that makes people afraid of meeting challenges, and I believe in myself.)

_ 무하마드 알리

소설, 영화, 만화 등 우리가 접할 수 있는 작품이 넘쳐나는 세상입니다. 우리는 그런 작품을 보고 재미있다, 재미없다, 웃기다, 슬프다 같은 감상을 내뱉습니다. 이는 물론 '작품'에 한정된 이야기는 아닙니다. 신문 기사나 정치인의 언행, 광고 문구 등도 감상의 대상이 됩니다. 하지만 이러한 감상은 대부분 단편적인 한마디로 그칠 뿐, 거기에 사유(思惟)가 포함되는 일은 많지 않습니다. 이처럼 사유가 포함되는 비평이 많지 않은 이유는 그것이 결코 쉬운 일이 아니기 때문이겠죠.

비평하며 작품을 읽기 위해서는 생각보다 많은 시간을

들여야 하며, 나아가 작품과 관계된 여러 사정 또한 알아야 합니다. 하지만 우리에게는 이렇게 한 작품에 대해 정성을 들일 시간적 여유가 많지 않을뿐더러 그 밖의 제한 요소도 많습니다. 더군다나 비평을 하면 누군가에게 그 비평에 대해 비난을 받기도 합니다.

비난하기는 쉽습니다. 그저 잘못된 부분이나 좋지 않은 부분 하나만을 꼭 집어 그 부분에 대해 지적하면 되니까요. 하지만 이러한 비난은 비평과 그 본질에서 다릅니다. 그 차이를 이해하는 것부터 시작해야 합니다.

이 책에서는 비평을 위해 비평 초보자인 우리가 해야 할 기본적인 자세를 다양한 예시를 통해 쉽게 가르쳐줍니다. 책의 여정을 함께하다 보면 우리가 그동안 어렵다고만 생각해왔던 비평이 생각보다는 어렵지 않을뿐더러 많은 효용이 있다는 사실을 알게 됩니다.

비평을 하면 작품과 제대로 마주할 수 있을뿐더러, 동시에 자신을 깊게 알 수 있습니다. 자신의 마음을 움직인 작품을 비평할 때, 처음에는 '아, 재미있었다. 근데 나는 왜 이 작품이 재미있다고 느꼈지?'와 같은 의문을 가지고 접근해도 좋습니다. 그 의문을 기점으로 작품을 파고들어 작품에 대한 인식과 이해를 깊게 해나가는 것은 자신의 감정이나 사고를 알아가는 것과 이어집니다. 이때 비평을 위해서는 하나의 단면을 정해야 하며, 어떤 단면을 선택할지는 독자인 우리의 자유라고 저자는 말합니다. 어떤 관점으로 대상 작품을 분석하고 싶은지 생각해보는 것은 자신의 지향을 이해하는 것과 연결됩니다. 즉 작품을 비평하는 일은 그 작품을 감상하는 자신을 이해하는 것이라고 할 수 있습니다.

또한 저자는 오스카 와일드의 말을 빌려 평가 자체가 예술이라고 말합니다. 그렇기에 비평이란 그저 단순히 박수갈채만으로 작품과의 인연을 마무리하던 한 명의 청중에서 예술가로 역할을 전환할 기회를 주기도 합니다. 나아가 비평을 써서 발표함으로써 자신 주변에 커뮤니티가 생깁니다. 물론 이 과정에서 무분별한 비판을 받을 수도 있지만, '나는 그저 비평을 하며 파고들며 보는 쪽이 더 즐거워!'라며 대범한 마음을 가지면 그뿐입니다.

요약하자면 비평을 배움으로써 작품 자체뿐만 아니라 자신에 대해 더 깊이 알 수 있을뿐더러 자신도 예술가가 될 수 있으며 커뮤니케이션의 주체 또한 될 수 있습니다.

비평으로 얻을 수 있는 것이 참 많지 않나요? 그렇게 느끼셨다면 당장 무언가 하나의 대상을 찾아 비평을 시작해보세요. 그 비평 대상은 이 책이어도 좋습니다. 물론 처음에는 쉽지 않을 테죠. 저도 이 책을 번역하면서 비평이란 역시 어렵다고 느꼈습니다. 하지만 이 〈옮긴이의 글〉 서두에서 인용한 무하마드 알리의 말처럼, 여러분도 자기 자신을 믿고 이 책을 가이드 삼아 비평에 도전해보셨으면 합니다. 불가능이란 아무것도 아니니까요.

2022년 9월
옮긴이 구수영

| 비평 이론에 대한 해설서, 교과서 |

- 고바야시 마사히로, 『감상문'에서 '문학비평'으로─고등학교·대학교에서 시작하는 비평 입문('感想文'から'文学批評'へ─高校·大学から始める批評入門)』, 다카나시쇼보, 2021.

- 다데누마 마사미, 가메이 히데오 감수, 『초 입문! 현대문학 이론강좌(超入門! 現代文学理論講座)』, 지쿠마쇼보, 2015.

- 마이클 라이언, 엘리사 레노스, 『영화분석입문』, 홍애자 역, 문학관, 2019.

- 마치야마 도모히로, 『영화 보는 법'을 알게 되는 책─〈2001: 스페이스 오디세이〉에서 〈미지와의 조우〉까지('映画の見方'がわかる本─〈2001年宇宙の旅〉から〈未知との遭遇〉まで)』, 요센샤, 2002.

- 미하마 요시아키, 와타나베 에리, 우도 사토시 편, 『문학이론─읽는 법을 배워 문학과 다시 만나다(文学理論─読み方を学び文学と出会いなおす)』, 필름아트사, 2020.

- 사토 아키, 『소설의 전략(小説のストラテジー)』, 지쿠마쇼보, 2012.

- 사토 아키, 『소설의 전술(小説のタクティクス)』, 지쿠마쇼보, 2014.

- 오하시 요이치 편, 『현대 비평 이론의 모든 것(現代批評理論のすべて)』, 신쇼칸, 2006.

- 이와모토 겐지 외 편, 『'신' 영화 이론 집성('新'映画理論集成)』, 전 2권, 필름아트사, 1998–1999.

- 이와모토 겐지, 하타노 데쓰로 편, 『영화 이론 집성─고전 이론에서 기호학의 성립까지(映画理論集成─古典理論から記号学の成立へ)』, 필름아트사, 1982.

- 토머스 C. 포스터, 『교수처럼 소설 읽는 법(How to Read Novels Like a Professor)』, 하퍼 퍼레니얼, 2017.
- 프랭크 렌트리키아, 앤드류 듀보이스, 『정독: 독자(Close Reading: The Reader)』, 듀크대학출판, 2003.
- 프랭크 렌트리키아, 토마스 맥러플린, 『문학 연구의 비판적 용어(Critical Terms for Literary Study)』, 시카고대학출판, 1990.
- 피터 배리, 『시작 이론: 문학과 문화 이론 개론(Beginning Theory: An Introduction to Literary and Cultural Theory, Third Edition)』, 맨체스터대학출판, 2009.
- 히로노 유미코, 『비평 이론 입문—〈프랑켄슈타인〉 해부 강의(批評理論入門—〈フランケンシュタイン〉解剖講義)』, 주오코론신샤, 2005.
- 히로노 유미코, 『소설 해독 입문—〈미들마치〉 교양 강의(小説読解入門—〈ミドルマーチ〉教養講義)』, 주오코론신샤, 2021.

| 비평에 관한 연구서·에세이 |

- 기요즈카 구니히코, 『픽션의 철학(フィクションの哲学)』, 게이소쇼보, 2017.
- 기타무라 사에, 〈와일드가 말하는 것처럼 와일드를 해석할 수 있을까? 아나키와 '저자의 의도'의 문제(ワイルドが言うとおりにワイルドを解釈することはできるか?—アナーキーと'著者の意図'の間で)〉, 《오스카 와일드 연구》, 17호(2018), 55~72쪽.
- 나가타 도모유키, 『이론과 비평—고전 중국의 문학 사조(理論と批評—古典中国の文学思潮)』, 린센쇼텐, 2019.
- 노엘 캐럴, 『비평철학』, 이해완 역, 북코리아, 2015.
- 니콜라스 반데바이버, 『에드워드 사이드와 문학 비평의 권위(Edward Said and the Authority of Literary Criticism)』, 팔그레이브 맥밀런, 2019.
- 도미야마 다카오, 『문화와 정독—새로운 문학입문(文化と精読—新しい文学入門)』, 나고야대학출판회, 2003.

- 롤랑 바르트, 「이야기 구조 분석 개론(Introduction à l'analyse structurale des récits)」, 『커뮤니케이션 8권(Communications, 8)』, 쇠이유, 1966.
- 롤랑 바르트, 「저자의 죽음」, 『텍스트의 즐거움』, 김희영 역, 동문선, 2002.
- 버지니아 울프, 「여성의 직업」, 『WHY』, 정미현 역, 이소노미아, 2018.
- 버지니아 울프, 『자기만의 방』, 이미애 역, 민음사, 2008.
- 산드라 길버트, 수전 구바, 『다락방의 미친 여자』, 박오복 역, 이후, 2009.
- 수전 S. 랜서, 〈페미니스트 문학 비평: 페미니스트는 어떻게? 문학은 어떻게? 비평은 어떻게?(Feminist Literary Criticism: How Feminist? How Literary? How Critical?)〉, 《NWSA저널 3권 1호(NWSA Journal, Vol. 3, No. 1)》, 1991, 3–19쪽.
- 스탠리 피시, 『이 반에 텍스트는 있나요?(Is There a Text in This Class?)』, 하버드대학출판, 1982.
- 시몬느 드 보부아르, 『제2의 성』, 이정순 역, 을유문화사, 2021.
- 아리스토텔레스, 『아리스토텔레스 시학』, 박문재 역, 현대지성, 2021.
- I. A. 리처즈, 『실천비평: 문학적 판단에 관한 연구(Practical Criticism: A Study of Literary Judgment)』, 루트리지, 2017.
- 에드워드 W. 사이드, 『문화와 제국주의』, 김성곤 역, 창, 2011.
- 에드워드 W. 사이드, 『오리엔탈리즘』, 박홍규 역, 교보문고, 2015.
- 오스카 와일드, 『예술가로서의 비평가』, 강경이 역, 바다출판사, 2020.
- 웨인 C. 부스, 『소설의 수사학』, 최상규 역, 예림기획, 1999.
- 이브 세지윅, 『남성의 유대: 영국 문학과 남성 동질적 욕망(Between Men: English Literature and Male Homosocial Desire)』, 컬럼비아대학출판, 1985.
- 존 서덜랜드, 『히스클리프는 살인범인가?(Is Heathcliff a Murderer?)』, 옥스포드대학출판, 1996.
- 케이트 밀렛, 『성 정치학』, 김유경 역, 쌤앤파커스, 2020.
- 켄달 L. 월튼, 『미메시스: 믿는 체하기로서의 예술』, 양민정 역, 북코리아, 2019.
- 후나쓰 가즈유키, 〈고대 인도의 퍼포밍아트론―「연극전범」(Natyasastra) 번역 노트(1)(古代インドのパフォーミングアーツ論―「演劇典範」(Natyasastra)

翻訳ノート(1)〉,《인문과학논집 문화커뮤니케이션학과편(人文科学論集文化コミュニケーション学科編)》, 30호(1996), 101–117쪽.

- 후나쓰 가즈유키, 〈고대 인도의 퍼포밍아트론—『연극전범』(Natyasastra) 번역 노트(2)(古代インドのパフォーミングアーツ論—『演劇典範』(Natyasastra) 翻訳ノート(2))〉,《인문과학논집 문화커뮤니케이션학과편(人文科学論集文化コミュニケーション学科編)》, 31호(1997), 195–212쪽.

- 후나쓰 가즈유키, 〈고대 인도의 퍼포밍아트론—『연극전범』(Natyasastra) 번역 노트(3)(古代インドのパフォーミングアーツ論—『演劇典範』(Natyasastra) 翻訳ノート(3))〉,《인문과학논집 문화커뮤니케이션학과편(人文科学論集文化コミュニケーション学科編)》, 32호(1998), 109–132쪽.

| 극작술 및 작품의 구조에 관한 연구서, 교과서 |

- 미야케 류타, 『스크립트 닥터의 각본교실 초급편(スクリプトドクターの脚本教室・初級篇)』, 신쇼칸, 2015.

- 미야케 류타, 『스크립트 닥터의 각본교실 중급편(スクリプトドクターの脚本教室・中級篇)』, 신쇼칸, 2016.

- 블라디미르 프로프, 『민담 형태론』, 어건주 역, 지식을만드는지식, 2013.

- 스티스 톰슨, 『민담(The Folktale)』, 케신저출판사, 2010.

- 조지프 캠벨, 『천의 얼굴을 가진 영웅』, 이윤기 역, 민음사, 2018.

- 존 트루비, 『이야기의 해부: 스토리텔링의 대가가 되기 위한 22단계』, 조고은 역, 비즈앤비즈, 2017.

- 한스 외르크 우터, 『국제 민화 유형. 분류 및 참고 문헌. 안티 아르네와 스티스 톰프슨 체계를 바탕으로 함(The Types of International Folktales. A Classification and Bibliography. Based on the System of Antti Aarne and Stith Thompson)』, 핀란드 과학문학아카데미, 2011.

○ 참고문헌

| 작품 연구·작품 비평 |

· 기타무라 사에, 〈클레오파트라의 성적인 선물로서의 키스: 안토니우스와 클레오파트라의 선물하기(A Kiss as an Erotic Gift from Cleopatra: Gift-Giving in Antony and Cleopatra)〉, 《무사시노대학 인문학회잡지(武蔵大学人文学会雑誌)》, 46(1), 2014.

· 기타무라 사에, 〈결혼이라는 터프한 비즈니스(5) 폭풍의 언덕의 퀴어 드림(結婚というタフなビジネス(5)嵐が丘のクィア・ドリームズ)〉, 《yom yom》, 66호, 2021년 2월호, 184–153쪽.

· 기타무라 사에, 〈허구와 폭력―남자다움의 펄프 픽션(虚構と暴力―男らしさのパルプ・フィクション)〉, 《유리이카(ユリイカ)》, 51권 16호, 2019년 9월호, 153–160쪽.

· 기타무라 사에, 〈설탕과 스파이스와 폭발적인 무언가―불성실한 비평가에 의한 페미니스트 비평 입문(お砂糖とスパイスと爆発的な何か―不真面目な批評家によるフェミニスト批評入門)〉, 쇼시칸칸보, 2019.

· 기타무라 사에, 『셰익스피어극을 즐긴 여성들―근세의 관객과 독서(シェイクスピア劇を楽しんだ女性たち―近世の観劇と読書)』, 하쿠스이샤, 2018.

· 나탈리 홀더바움, 〈'암모나이트' vs '타오르는 여인의 초상': 퀴어 영화에서의 실패('Ammonite' vs 'Portrait of a Lady on Fire': The Failings within Queer Cinema)〉, mxdwn.com, 2021/1/16, https://movies.mxdwn.com/feature/ammonite-vs-portrait-of-a-lady-on-fire-the-failings-within-queer-cinema/, accessed 4 May 2021.

· 다케다 노보루, 『문선(문장편) 하―신석 한문 체계93(文選(文章篇)下―新釈漢文体系93)』, 메이지쇼인, 2001.

· 렉스 리드, 〈원 스타: 엉성하고 쓸데없는 것으로 가득 찬 '셰이프 오브 워터': 사랑의 모양'(One Star: 'The Shape of Water' Is a Loopy, Lunkheaded Load of Drivel)〉, 《옵저버(Observer)》,

2017/12/19, https://observer.com/2017/12/review-sally-hawkins-sinks-in-guillermo-del-toros-the-shape-ofwater/, accessed 2021/1/6.

· 로버트 S. 미올라, 『셰익스피어의 로마(Shakespeare's Rome)』, 캠브리지대학출판, 1983.

· 로빈 우드(Robin Wood), 『개인적인 견해: 영화에서의 탐험(Personal Views: Explorations in Film)』, 웨인스테이트대학출판, 2006.

· 루퍼트 크리스티안센, 〈장미의 기사, 글린데본(Der Rosenkavalier, Glyndebourne)〉, 《데일리텔레그래프》, 2014/5/19.

· 리처드 A. 레빈, 〈위대한 시저를 "망할 비정책"이라고 부르는 것을 듣게 될지 모른다(That I Might Hear Thee Call Great Caesar "ass unpolicied")〉, 《언어와 문학에 관한 논문 33호(Papers on Language and Literature 33)》, 1997.

· 리처드 모리스, 〈글린데본에서의 장미의 기사(Der Rosenkavalier at Glyndebourne)〉, 《타임스(The Times)》, 2014/5/19.

· 브렌츠 스털링, 〈클레오파트라의 셀레우코스와의 장면: 플루타르크, 다니엘, 셰익스피어(Cleopatra's Scene with Seleucus: Plutarch, Daniel, Shakespeare)〉, 《셰익스피어 계간지(Shakespeare Quarterly)》, 15권 2호, 1964.

· 앤드류 클락, 〈장미의 기사, 영국 이스트서식스 글린데본(Der Rosenkavalier, Glyndebourne, East Sussex, UK)〉, 《파이낸셜타임스》, 2014/5/19.

· A. P. 리머, 『셰익스피어의 안토니와 클레오파트라 읽기(A Reading of Shakespeare's Antony and Cleopatra)』, 시드니대학출판, 1968.

· 오키모리 다쿠야 외 편저, 후지와라노 하마나리 선, 『가쿄효시키—주석과 연구(歌経標式—注釈と研究)』, 오후샤, 1993.

· 이나가 게이지, 구보키 데쓰오 교주·역, 『쓰쓰미추나곤 모노가타리·무묘조시—완역 일본 고전 27(堤中納言物語·無名草子—完訳日本の古典二七)』, 쇼가쿠칸, 1987.

· 조셉 맥브라이드, 『루비치라면 어떻게 했을까?(How Did Lubitsch Do It?)』, 컬럼비아대학출판, 2018.

· 존 도버 윌슨 편, 『안토니와 클레오파트라(Antony and Cleopatra)』, 캠브리지대학출판, 1950.

· 존 러스킨, 『존 러스킨 전집 10권: 포스 클라비게라: 영국인 노동자에게 보내는 편지(The Complete Works of John Ruskin, vol. 10: Fors Clavigera: Letters to the Workmen and Labourers of Great Britain)』, vol. 4, 1891.

· 〈키리 여사, '괴롭히는' 오페라 비평가 공격(Dame Kiri Attacks 'Bullying' Opera Critics)〉, BBC, 2014/5/22, https://www.bbc.com/news/entertainment-arts-27516983, accessed

2020/10/25.

· 호레이스 하워드 퍼니스, 『안토니와 클레오파트라의 비극(The Tragedie of Anthonie, and Cleopatra)』, 리핀코트, 1907.

| **문학작품** |

· 니미 난키치, 『금빛 여우』, 조양욱 역, 현대문학북스, 2001.

· 루이스 캐럴, 『이상한 나라의 앨리스』, 최용준 역, 열린책들, 2009.

· 리처드 브린슬리 셰리든, 『스캔들 학교와 다른 연극(The School of Scandal and Other Plays)』, 옥스포드대학출판, 2008.

· 무라카미 하루키, 『바람의 노래를 들어라』, 윤성원 역, 2006.

· 버지니아 울프, 데이비드 브래드쇼 편, 『에세이 선집(Selected Essays)』, 옥스퍼드대학출판, 2009.

· 시가 나오야, 「창작 여담(創作余談)」, 『시가 나오야 전집 제6권(志賀直哉全集第六巻)』, 이와나미쇼텐, 1999.

· 시가 나오야, 「클로어디스의 일기(クローディアスの日記)」, 『시가 나오야 전집 제2권(志賀直哉全集第二巻)』, 이와나미쇼텐, 1999.

· 아서 코난 도일, 『셜록 홈즈 전집 1(주홍색 연구)』, 백영미 역, 황금가지 2002.

· 아쿠타가와 류노스케, 「덤불 속」, 『아쿠타가와 류노스케 선집』, 송태욱 역, 서커스출판상회, 2019.

· 오스카 와일드, 『도리언 그레이의 초상』, 임종기 역, 문예출판사, 2011.

· 오웬 맥카퍼티, 『오웬 맥카퍼티: 희곡 1(Owen McCafferty: Plays 1)』, 페이버앤페이버, 2013.

· 윌리엄 셰익스피어, 『로미오와 줄리엣』, 최종철 역, 민음사, 2008.

· 윌리엄 셰익스피어, 『리어 왕』, 박우수 역, 열린책들, 2012.

· 윌리엄 셰익스피어, 『소네트』, 피천득 역, 샘터, 2018.

· 윌리엄 셰익스피어, 『안토니와 클레오파트라』, 송원문 역, 동인, 2016.

· 윌리엄 셰익스피어, 『한여름 밤의 꿈』, 최종철 역, 민음사, 2008.

· 윌리엄 셰익스피어, 『햄릿』, 최재서 역, 올재, 2013.

· 제인 오스틴, 『오만과 편견』, 전승희 역, 민음사, 2009.

· 제임스 조이스, 『율리시스 1』, 김성숙 역, 동서문화사, 2016.

· G. K. 체스터턴, 『브라운 신부의 순진』, 이상원 역, 열린책들, 2019.

· 타니가와 나가루, 『스즈미야 하루히의 우울 1』, 오경화 역, 대원씨아이, 2008.

· 테네시 윌리엄스, 『유리 동물원』, 신정옥 역, 범우, 2010.

· 헨리 제임스, 『비극의 뮤즈(The Tragic Muse)』, 플로팅출판, 2014.

| 장어에 관한 문헌 |

· 〈'방송탑' 전중·전후의 이야기에 자기도 모르게 눈물('放送塔'戦中戦後の話に思わず
涙)〉, 《요미우리 신문》, 1989/12/20, 21쪽.

· 아리스토텔레스, D. M. 발름 편, 『동물지(Historia Animalium)』, 캠브리지대학출판, 2002.

· 아오키 데루에, 〈아이치현 오와리지구의 향토요리, 그 특징과 경향(2)―미하마초편(愛
知県尾張地区における郷土料理,その特徴と傾向(2)―美浜町編)〉《나고야문화단기대학
연구기요(名古屋文化短期大学研究紀要)》, 37권 0호, 2014.

· 이노 료이치, 『스시 덴푸라 소바 장어―에도 4대 명물식의 탄생(すし 天ぷら 蕎麦 うな
ぎ―江戸四大名物食の誕生)』, 지쿠마쇼보, 2016.

· 〈장어가 하늘 여행: 지나, 조선에서 공중 운송(うなぎが空の旅 支那,朝鮮から空中輸
送)〉, 《아사히 신문》, 1930/4/8, 도쿄 간행, 7쪽.

| 〈마이애미에서의 하룻밤〉에 관한 문헌 |

· 닉 앨런, 〈레지나 킹의 마이애미에서의 하룻밤에 영향을 끼친 진짜 사건(The True
Events That Inspired Regina King's One Night in Miami)〉, 벌처(Vulture), 2021/1/16, https://
www.vulture.com/2021/01/true-events-that-inspired-regina-kings-one-night-in-miami.
html, accessed 2021/6/22.

· W. E. B. 듀보이, 「재능 있는 10분의 1(The Talented Tenth)」, 『흑인 문제: 미국의 대
표적인 흑인들에 의한 오늘의 기사 시리즈(The Negro Problem: A Series of Articles by
Representative American Negroes of To-Day)』, 제임스 포트&Co., 1903.

· W. E. B. 듀보이스, 『흑인 포크의 소울(The Souls of Black Folk)』, A. C. 맥클럭&Co., 1903.

· 데이브 해니건, 〈분디니 브라운: '나비처럼 날아서 벌처럼 쏜다'를 고안한 남자(Bundini

Brown: The Man Who Invented 'Float Like a Butterfly, Sting like a Bee'〉, 《아이리시타임스》, 2020/8/12, https://www.irishtimes.com/sport/other-sports/bundini-brown-the-manwho-invented-float-like-a-butterfly-sting-like-a-bee-1.4328325, accessed 2021/1/2.

· 롭 골드버그, 〈도널드 트럼프와 짐 브라운: '난 정말 대통령을 지지한다'(Jim Brown on Donald Trump: 'I Find Myself Really Pulling for the President')〉, 블리처리포트, 2018/8/18, https://bleacherreport.com/articles/2792118-jim-brown-on-donald-trump-i-findmyself-really-pulling-for-the-president, accessed 2021/8/17.

· 리처드 J. 도허티, 〈무하마드 알리 교수 강의; 시와 비유가 우정에 대한 이야기를 채우다(Professor Muhammed Ali Delivers Lecture; Poems and Parables Fill Talk on Friendship)〉, 하버드크림슨(The Harvard Crimson), 1975/6/9, https://www.thecrimson.com/article/1975/6/9/professor-muhammed-ali-delivers-lecture-poems/, accessed 2021/7/12.

· 맬컴 엑스, 『맬컴 X 자서전(The Autobiography of Malcolm X)』, 그로브출판, 1965.

· 빈센트 다우드, 〈무하마드 알리 연극, 흑인 미국의 상징을 무대에 올리다(Muhammad Ali Play Puts Icons of Black America on Stage)〉, BBC뉴스, 2016/10/11, https://www.bbc.com/news/entertainment-arts-37611541, accessed 2021/7/13.

· 사쿠라이 유타카, 〈샘 쿡 대전집 Pt.1(サム・クック大全集(Pt.1))〉, 《SOUL ON》, 14권 150호, 일본 리듬&블루스 F·C, 1985.

· 제임스 스메서스트, 조너선 프리드먼 편, 「소울 메시지: R&B, 소울, 그리고 흑인 자유 투쟁(A Soul Message: R&B, Soul, and the Black Freedom Struggle)」, 『대중음악에서의 사회적 시위 역사The Routledge History of Social Protest in Popular Music』, 루트리지, 2016.

· 조너선 아이그, 『알리: 어 라이프(Ali: A Life)』, 사이먼&슈스터, 2017.

· 척 필립스, 〈포화를 맞은 안티랩 운동가(Anti-rap Crusader under Fire)〉, 《LA타임스》, 1996/3/20, https://www.latimes.com/local/la-fi-tupacdelores20march2096-story.html, accessed 2021/7/13.

· 피터 구랠닉, 『드림 부기: 샘 쿡의 승리(Dream Boogie: The Triumph of Sam Cooke)』, 리틀 브라운앤드컴퍼니, 2005.

| 〈위대한 개츠비〉에 관한 문헌 |

· 제이-지&카니예 웨스트, 〈Who Gon Stop Me〉, soulScott 역, HIPHOPLE, https://hiphople.com/lyrics/139094

· 척 팔라닉, 『파이트 클럽』, 최필원 역, 랜덤하우스코리아, 2008.

| 기타 문헌 |

· 니시무라 마사오, @changpian, Tweet, 2020/1/23, https://twitter.com/changpian/status/1220239207668412416, 2021년 5월 5일 열람.

· 도날 린치, 〈멋진 여성이 노래하다(The Fab Lady Sings)〉, 아이리시인디펜던트(The Irish Independent), 2014/12/27, https://www.independent.ie/entertainment/music/the-fab-lady-sings-30864862.html, accessed 2020/10/25.

· 도널드 레이필드, 『안톤 체호프: 어 라이프(Anton Chekhov: A Life)』, 하퍼콜린스, 1997.

· 〈렉스 리드: 잘 알려진 사람의 삶(Rex Reed: A Bold-Faced-Name Life)〉, CBS뉴스, 2018/2/4, https://www.cbsnews.com/news/rex-reed-a-bold-faced-name-life/, accessed 2021/1/6.

· 미야 고슬링, 굿 티클 브레인(Good Tickle Brain), https://goodticklebrain.com/, accessed 2021/4/30.

· 비비안 케인, 〈영화 평론가/인간 재난 렉스 리드는 어떻게 아직도 직업을 가지고 있을까?(No Really, How Does Film Critic/Human Disaster Rex Reed Still Have a Job?)〉, 메리 수(The Mary Sue), 2017/12/20, https://www.themarysue.com/rex-reed-actual-worst/, accessed 2021/1/6.

· 빌리 와일더, 로버트 호튼 편, 『빌리 와일더: 인터뷰(Billy Wilder: Interviews)』, 미시시피대학출판, 2001.

· 스콧 멘델슨, @ScottMendelson, Tweet, 2019/12/16, https://twitter.com/ScottMendelson/status/1206231816165679110, accessed 2021/1/4.

· 아이작 뉴턴이 로버트 후크에게 보낸 편지(Isaac Newton, Letter to Robert Hooke), 1675/2/5, Simon Gratz Autograph Collection #0250A, Historical Society of Pennsylvania, https://digitallibrary.hsp.org/index.php/Detail/objects/9792, accessed 2021/2/26.

· 요시카와 게이, 〈하스미 시게히코 씨, 보도진에게 '바보 같은 질문은 그만둘 수 없나요' 미시마 유키오 상 수상(蓮實重彥さん,報道陣に'馬鹿な質問はやめていただけますが三島由紀夫賞を受賞)〉 《허핑턴 포스트》 2016/5/16, https://www.huffingtonpost.jp/2016/05/16/hasumi-mishima_n_9998942.html, 2021년 5월 5일 열람.

· [Wikipedia: 규칙에 얽매이지 마세요], 한국어판 위키백과, https://ko.wikipedia.org/wiki/

%EA%B7%9C%EC%B9%99%EC%97%90_%EC%96%BD%EB%A7%A4%EC%9D%B4
%EC%A7%80_%EB%A7%88%EC%84%B8%EC%9A%94, 2022년 2월 15일(화) 09:28판.

· 이마이 에리코, @eriko_imai, Tweet, 2017/6/23, https://twitter.com/Eriko_imai/status/878072125252182017, 2021년 1월 6일 열람.

· 일론 머스크, @elonmusk, Tweet, 2015/3/5, https://twitter.com/elonmusk/status/576140759281238017, accessed 2021/5/5.

· 일론 머스크, @elonmusk, Tweet, 2016/6/13, https://twitter.com/elonmusk/status/742108297122054147, accessed 2021/5/5.

· 일론 머스크, @elonmusk, Tweet, 2021/4/5, https://twitter.com/elonmusk/status/1379031412288974852, accessed 2021/5/5.

· 제임 와인만, 〈타라 에러트의 '뚱뚱한 수치심'이 오페라에서 문제를 야기하다(The 'Fat Shaming' of Tara Erraught Forces an Issue in Opera)〉, 맥클린스(Maclean's), 2014/6/14, https://www.macleans.ca/culture/arts/the-fat-shaming-of-tara-erraught-forces-an-issue-in-opera/, accessed 2020/10/25.

· 카메론 크로우, 『와일더와의 대화(Conversations with Wilder)』, 크노프, 1999.

· 케이틀린 모란, 『진짜 여자가 되는 법』, 고유라 역, 돋을새김, 2013.

· 키에란 데블린, 〈스탠 문화가 비평가들의 역할을 어떻게 변화시켰나(how stan culture has changed the critics' role)〉, 《i-D》, 2019/5/2, https://i-d.vice.com/en_uk/article/9kxbx8/how-stan-culture-has-changed-the-critics-role

· 한국천주교주교회의 편집부, 『성경』, 한국천주교주교회의, 2019.

· 후지이 사다카즈 외 편, 『문학의 탄생에서 8세기까지—이와나미강좌 일본문학사 제1권 (文学の誕生より八世紀まで—岩波講座日本文学史第1巻)』, 이와나미쇼텐, 1995.

처음 시작하는 비평 수업

초판 1쇄 2025년 10월 31일
지은이 기타무라 사에 | **옮긴이** 구수영 | **편집기획** 북지육림 | **교정교열** 김민기 | **디자인** 이선영
제작 명지북프린팅 | **펴낸곳** 지노 | **펴낸이** 도진호, 조소진 | **출판신고** 2018년 4월 4일
주소 경기도 고양시 일산서구 강선로 49, 916호
전화 070-4156-7770 | **팩스** 031-629-6577 | **이메일** jinopress@gmail.com

ⓒ 지노, 2022
ISBN 979-11-93878-34-7 (03800)